I0108467

Kazakh Language:
101 Kazakh Verbs

BY TEMIR NABIYEV

Contents

55. To like - ұнату (unatu)

56. To listen – тыңдау (tyndau)

57. To live - тұру (turu) (II)

58. To lose - жоғалту (zhogaltu)

59. To love - жақсы көру (zhaksy koru)

60. To meet - кездесу (kezdesu)

61. To need - қажет болу (kazhet bolu)

62. To notice – байқау (baikau)

63. To open - ашу (ashu)

64. To play - ойнау (oinau)

65. To put - қою (koyu)

66. To read - оқу (oku)

67. To receive – алу (alu) (III)

68. To remember – есте сақтау (este saktau)

69. To repeat – қайталау (kaitalau)

70. To return – қайтару (kaitaru)

71. To run - жүгіру (zhugiru)

72. To say - деу (deu)

73. To scream – айғайлау (aigailau)

74. To see - көру (koru)

75. To seem - болып көріну (bolyp korinu)

76. To sell – сату (satu)

77. To send - жіберу (zhiberu)

78. To show - көрсету (korsetu)

79. To sing - ән айту (an aitu)

80. To sit down – отыру (otyru)

81.To sleep - ұйықтау (uiyktau)

82. To smile - жымию (zhymiyu)

Introduction to Kazakh Verbs

Verb is part of speech with grammatical meaning of action, process or state. Along with a subject it is usually recognized as a main member of the sentence – predicate.

Verbs in Kazakh language have five properties: person, number, mood, voice, and tense. That makes Kazakh verbs more complex than any other part of speech. The other difficulties are caused by the presence of respectable form of the second person peculiar to Kazakh grammar, and by the variety of suffixes and endings. In order to have confidence in suffixes or endings attached, one must have a good understanding of the «Law of vowel harmony» – the main principle of Kazakh phonetics:

Soft word/stem/suffix/ending is a word/stem/suffix/ending consisting of soft vowels: **ә, і, ү, ө, е** (*бейнелеу, көру*, suffixes *-ін-, -мін-, -сін-, -ік, -іл-*, endings *–сіз, -ңіз, - ді, -ейін*).
Strong word/stem/suffix/ending consists of strong vowels: **а, о, ұ, ы, я** (*отыру, бару, құлау*, suffixes *-ын-, -мын-, -сын-, -ық, -ыл-*, endings *–сыз, -ңыз, - ды, -айын*).
It means that if a word is strong, strong endings and suffixes are applicable; on the contrary, if a word is soft, soft affixes are attached to it. If a stem of a verb ends with a vowel (except of *–у*, to which the rules for strong consonants are applied), the suffix attached as a rule is presented by a consonant (*-н-, -л-, - с)*

The basic form of a verb in Kazakh language is infinitive with ending *–у/ -ю*. The main feature of infinitive is that it coincides with the noun, describing the action.

жазу	To write, writing
жою	To eliminate, eliminating
құру	To build, building

The stem of verb conforms to the Verb in II person, single form of imperative mood and is usually formed by removing of ending *–у*. Where infinitive ends with *–ю*, the letter *–й* is written instead of *–ю*.

Infinitive	Stem
Қайталау (to repeat)	Қайтала
Ойнау (to play)	Ойна
Кою (to cease)	Қой
Болу (to be)	Бол

Verb formation

According to its morphological structure Kazakh language belongs to the group of agglutinative languages. It means that new word forms are composed by consecutive suffixing and adding of endings to the stem of the word.

In terms of formation, verbs can be arranged in three groups: derivative, non-derivative and complex verbs.

- Non-derivative verbs are the verbs, which have inseparable stem and ending –у/-ю.

Жазу (to write), отыру (to seat), айту (to say), жаю (to hang out) .

- Derivative verbs are formed from other parts of speech by suffixing (*да/де, та/те, ла/ле, дас/дес, тас/тес, лас/лес, а/е, ғар/гер, ар/ер, қар/кер*) and adding the ending *–у/ю*.

Қара (black, adj.)	қара-ю (to become black)
Іс (deed, noun)	іс-те-у (to do)
Би (dance, noun)	би-ле-у (to dance)
Бас (head, noun)	бас-қар-у (to rule, to lead)

- Complex verb consists of 2 or more words, one of which is a verb; the other may be expressed by other part of speech (verb, noun, adjective, adverb, part.adv.).

Телефон (n.) шалу (v.)	To call (on the phone)
Қайта (adv.) ұйымдастыру (v.)	To reorganize
Əн (n.) айту (v.)	To sing
Жалғандығын (n.) ашып (adv.part.) тастау (v.)	To refute
Алып (part) келу (v.)	To bring

VERB CONJUGATION

Voice

Voice is a category of verb that expresses the relationship of the subject to the action. Kazakh voice is presented by suffixes of the verb.

There are 5 types of voice in Kazakh grammar:

- Active voice (негізгі етіс) –the subject performs the action.

Олар *келді*. – They came.

Қалам *түсіп қалды*. – The pen has fallen.

- Reflexive voice (өздік етіс) – the action in done by the subject and is directed to the subject. In English grammar there is an equivalent *to V. oneself.*

Reflexive voice is characterized by suffixes *–н-, -ын-, -ін-* (see the «Law of vowel harmony») attached to the stem of the verb.

Боя-у (to make up someone), stem ends with a vowel, suffix *–н-* is applicable. *Боя-н-у* (to make oneself up)

Ол ыдысты *жуды*. – He washed the dishes.

Ол душта *жуынды*. – He took a shower.

- Passive voice (ырықсыз етіс) – the subject receives the action expressed by the verb.

Passive voice is characterized by suffixes –*л-* , *-ыл-* , *-іл-* (see the «Law of vowel harmony»).

Безендір-у (to decorate), stem ends with a vowel, suffix –*л-* is applicable. *Безендірі-л-у* (to be decorated)

Аш-у (to open) is a strong word, suffix –*ыл-* is applicable. *Аш-ыл-у* (to be opened)

Біз шыршаны *безендірдік*. – We have decorated the Christmas tree.

Шырша *безендірілді*. – The Christmas tree has been decorated.

- Collaborative voice (ортақ етіс) – the action is done in collaboration with someone or mutually.

Is characterized by the suffixes –*с-, -ыс-* , *-іс-* (see the «Law of vowel harmony»).

Хабарла-у (connect), stem ends with a vowel, suffix –*с-* is applicable. *Хабарла-с-у* (interconnect)

Кездесу (to meet) is a soft word, suffix –*іс-* is applicable. *Кездес-іс-у* – to meet each other

- Compulsory voice (өзгелік етіс) – expresses that someone compels or asks another person to do something. The suffixes are –*гіз-, -ғыз-, -кіз-, -қыз-, -ат-, -ет-, -т-*.

Active voice	Compulsory voice
Кіру (to come in)	Кір-гіз-у (to make someone come in)
Ойнау (to play)	Ойна-т-у (to make/ask someone play)
Отыру (to sit)	Отыр-ғыз-у (to seat somebody)

Мен баланы орындыққа *отырғыздым*. – I have seat the child into the chair.

Мысықты үйге *кіргіз*. – Bring the cat into the house.

Mood

The mood expresses the speaker's attitude toward what he/she is saying. The following moods exist in Kazakh:

- Optative mood (қалау рай) – expresses the desire of subject. The whole construction is formed by a pronoun in genitive case + stem of a verb with suffixes *(-ғы-,- гі-,- қы-, - кі-)* + personal ending and auxiliary verb *келу* in future/passive form.

Person	Verb	Personal ending		Verbal auxiliary
		strong	soft	
Менің (I)	Stem of the Verb + After sonant: -ғы- - гі- After breath cons.: - қы- - кі-	м		Келеді (Pres.tense, Future tense) Келді (Past.tense)
Сенің (You)		ң		
Сіздің (You-respectable form)		ңыз	ніз	
Оның (he, she, it)		сы	сі	
Біздің (We)		мыз	міз	
Сендердің (You, pl.)		ларың	лерің	
Сіздердің (You, respectable form, pl.)		ларыңыз	леріңіз	
Олардың (They)		лары	Лері	

Example: to put off – *шешу*. Stem of the Verb is *шеш*. The stem ends with a breath consonant. The word is soft. Soft endings are applicable.

Менің аяқ киімімді *шеш-кі-м келеді*. – I want to put off my shoes.

Сенің аяқ киіміңді *шеш-кі-ң келеді*. – You want to put off your shoes.

Сіздің аяқ киіміңізді *шеш-кі-ңіз келеді*. – You want to put off your shoes (respectable form).

Оның аяқ киімді *шеш-кі-сі келеді*. – He/She wants to put off his/her shoes.

Біздің аяқ киімізді *шеш-кі-міз келеді*. – We want to put off our shoes.

Сендердің аяқ киімдеріңді *шеш-кі-лерің келеді*. – You want to put off your shoes. (pl.)

Сіздердің аяқ киімдеріңізді *шеш-кі-леріңіз келеді*. – You want to put off your shoes.(respectable, pl.)

Олардың аяқ киімді *шеш-кі-лері келеді*. – They want to put off their shoes.

- Imperative mood (бұйрық рай)- it expresses an order, prohibition or request.

Person		Personal ending		
		1. After a vowel (see the «Law of vowel harmony»).	2. After consonant (strong word)	3. After consonant (soft word)
Мен (I)	Stem of the Verb +	йін/ йын	айын	ейін
Сен (You)		-	-	-
Сіз (You-respectable form)		Ңіз/ ңыз	ыңыз	іңіз
Ол (he, she, it)		сын/сін	сын	сін
Біз (We)		йік	айық	ейік

Сендер (You, pl.)		ндар/ндер	ындар	індер
Сіздер (You, respectable form, pl.)		ңыздар/ңіздер	ыңыздар	іңіздер
Олар (They)		Сын/сін	сын	сін

Example: to wait – *күту*. Stem of the Verb is *күт*. The stem ends with a consonant. The word is soft. The endings of 3rd column are applicable.

Күт-ейін. (Күт+ейін) I'd rather wait.

Күт. - Wait. (singular form)

Күт-іңіз. -Wait. (singular respectable form)

Күт-сін. - Let him wait.

Күт-ейік. - Let's wait

Күт-іңдер. - Wait. (plural form)

Күт-іңіздер. - Wait. (plural respectable form)

Күт-сін. - Let them wait.

- Conditional mood (шартты рай) – the verb's action is represented as depending on external conditions. It is formed by the suffix –*ca-/-ce-* + personal ending. If coincides with an If-clause in English grammar.

Person	Verb	Personal ending	
		strong	soft
Мен (I)	Stem of the Verb + ca/ce +	м	
Сен (You)		ң	
Сіз (You-respectable form)		ңыз	ңіз
Ол(he, she, it)		-	-
Біз (We)		қ	к
Сендер (You, pl.)		ңдар	ңдер
Сіздер(You, respectable form, pl.)		ңыздар	ңіздер
Олар(They)		-	-

Example: to go – *бару*. Stem of the Verb is *бар*. The stem ends with a consonant. The word is strong. Strong endings are applicable.

Дүкенге *бар-са-м*, … – If I go to the shop, ….

Дүкенге *бар-са-ң*, … – If you go to the shop, ….(singular form)

Дүкенге *бар-са-ңыз*, … – If you go to the shop, …. (singular respectable form)

Дүкенге *бар-са*, … – If he/she goes to the shop, ….

Дүкенге *бар-са-қ*, … – If we go to the shop, ….

Дүкенге *бар-са-ңдар*, … – If you go to the shop, ….(plural form)

Дүкенге *бар-са-ңыздар*, … – If you go to the shop, ….(plural respectable form)

Дүкенге *бар-са*, … – If they go to the shop, ….

Tense

There are 8 tenses in Kazakh language.

- Present tense (нақ осы шақ) – the action is happening at the moment of speaking. (coincides with the Present Continuous Tense in English).

It is formed by adverbial participle form of the verb + auxiliary verb (жатыр - lie, отыр – sit, тұр – stand, жүр –go) with personal ending.

Adverbial participle in Kazakh grammar is formed by suffixing of –*n*-, - *in, -ып-* (see the «Law of vowel harmony»).

* Icmey* (to do) , stem *icme* ends with a vowel, suffix – *n*, *icmen* (adv. part.)

Having done the homework, I left. – Үй жұмысты *icmeп*, мен кеттім.

Person		Тұру (stand)	Жүру (go)	Отыру (sit)	Жату (lie)
Мен (I)		тұрмын	жүрмін	отырмын	жатырмын
Сен (You)		тұрсың	жүрсің	отырсың	жатырсың
Сіз (You-respectable form)		тұрсыз	жүрсіз	отырсыз	жатырсыз
Ол (he, she, it)	Participle	тұр	жүр	отыр	жатыр
Біз (We)		тұрмыз	жүрміз	отырмыз	жатырмыз
Сендер (You, pl.)		тұрсыңдар	жүрсіңдер	отырсыңдар	жатырсыңдар
Сіздер (You, respectable form, pl.)		тұрсыздар	жүрсіздер	отырсыздар	жатырсыздар
Олар (They)		тұр	жүр	отыр	жатыр

Мен теледидар *көріп отырмын.* - I am watching TV. (sitting on the sofa)

Мен теледидар *көріп жатырмын.*- I am watching TV. (lying on the sofa)

Джон кілтті *іздеп жүр.* - John is looking for his keys. (going around)

Джон кілтті *іздеп тұр.* - John is looking for his keys. (standing at one place)

- Transient tense (Ауыспалы келер шақ) – expresses the action that usually happens (Pres.Simple tense) or the future action, in which the speaker is confident. According to the context one defines whether the action refers to the present or to the future.

Person	Verb	Personal ending	
		strong	soft
Мен (I)	Stem of the Verb + a/ e/ й/ (See the Law of Vowel Harmony)	мын	мін
Сен (You)		сың	сің
Сіз (You-respectable form)		сыз	сіз
Ол (he, she, it)		ды	ді
Біз (We)		мыз	сіз
Сендер (You, pl.)		сындар	сіндер
Сіздер (You, respectable form, pl.)		сыздар	сіздер
Олар (They)		ды	ді

Example: to play – *ойнау*. Stem of the Verb is *ойна*. Strong stem ends with a vowel. Suffix –*й*- and strong endings are applicable.

Мен футбол *ойна-й-мын*. – I play football.
Сен футбол *ойна-й-сың*. – You play football.(singular form)
Сіз футбол *ойна-й-сыз*. – You play football. (sing., respectable form)
Ол футбол *ойна-й-ды*. – He/She plays football.
Біз футбол *ойна-й-мыз*. – We play football.
Сендер футбол *ойна-й-сындар*. – You play football. (plural form)
Сіздер футбол *ойна-й-сыздар*. – You play football. (plural respectable form)
Олар футбол *ойна-й-ды*. – They play football.

- Future presumptive tense (Болжалды келер шақ) – expresses action that will probably occur in future. The speaker presumes that it will happen, but he is not sure of it.

Person	Verb	Personal ending	
		strong	soft
Мен (I)	Stem of the Verb + ар/	мын	мін
Сен (You)		сың	сің
Сіз (You-respectable form)		сыз	сіз

Ол (he, she, it)	ер/	-	-
Біз (We)	р/	мыз	Сіз
Сендер (You, pl.)	(See the Law of Vowel Harmony)	сындар	Сіндер
Сіздер (You, respectable form, pl.)		сыздар	сіздер
Олар (They)		-	-

Example: to come – *келу*. Stem of the Verb is *кел*. Soft stem ends with a consonant. Suffix *–ер-* and soft endings are applicable.

Мен ертең *кел-ер-мін*. – I will probably come tomorrow.

Сен ертең *кел-ер-сің*. – You will probably come tomorrow. (singular form)

Сіз ертең *кел-ер-сіз*. – You will probably come tomorrow. (sing., respectable form)

Ол ертең *кел-ер*. – He/She will probably come tomorrow.

Біз ертең *кел-ер-міз*. – We I will probably come tomorrow.

Сендер ертең *кел-ер-сіндер*. – You will probably come tomorrow. (plural form)

Сіздер ертең *кел-ер-сіздер*. – You will probably come tomorrow. (plural respectable form)

Олар ертең *кел-ер*. – They will probably come tomorrow.

- Future tense of intension (Мақсатты келер шақ) – is used when someone intends to do something.

Person	Verb	Personal ending	
		strong	soft
Мен (I)		пын	пін
Сен (You)		сың	сін
Сіз (You- respectable form)	Stem of the Verb + бақ/бек (after cons. *ж, з, м, н, ң*)	сыз	сіз
Ол (he, she, it)	пақ/пек (after breath cons. And *Б,в,г,д*)	-	-
Біз (We)		пыз	піз
Сендер (You, pl.)	мақ/мек (after vowels and *л,р,й*)	сындар	сіндер
Сіздер (You, respectable form, pl.)		сыздар	сіздер
Олар (They)		-	-

Example: to translate – *аудару*. Stem of the Verb is *аудар*. Strong stem ends with a sonorant. Suffix – мақ - and strong endings are applicable.

Мен *аудар-мақ-пын*. – I am going to translate.

Сен *аудар-мақ-сын*. – You are going to translate.(singular form)

Сіз *аудар-мақ-сыз*. – You are going to translate. (sing., respectable form)

Ол *аудар-мақ*. – He/She is going to translate.

Біз *аудар-мақ-пыз*. – We are going to translate.

Сендер *аудар-мақ-сындар*. – You are going to translate.(plural form)

Сіздер *аудар-мақ-сыздар*. – You are going to translate. (plural respectable form)

Олар *аудар-мақ*. – They are going to translate.

- Past Simple tense (жедел өткен шак) – the action happened and ended in the past.

Person	Verb	Personal ending	
		strong	soft
Мен (I)	Stem of the Verb + After breath consonants and *б,г,ғ* *ты/ti* + Other cases *ды/ді* +	м	
Сен (You)		н	
Сіз (You-respectable form)		ңыз	ңіз
Ол (he, she, it)		-	-
Біз (We)		қ	к
Сендер (You, pl.)		ңдар	ңдер
Сіздер (You, respectable form, pl.)		ңыздар	ңіздер
Олар (They)		-	-

Example: to stay – *қалу*. Stem of the Verb is *қал*. Strong stem ends with sonorant. Suffix – мак - and strong endings are applicable.

Мен *қал-ды-м*. – I stayed.

Сен *қал-ды-ң*. – You stayed.(singular form)

Сіз *қал-ды-ңыз*. – You stayed. (sing., respectable form)

Ол *қал-ды*. – He/She stayed.

Біз *қал-ды-қ*. – We stayed.

Сендер *қал-ды-ңдар*. – You stayed.(plural form)

Сіздер *қал-ды-ңыздар*. – You stayed. (plural respectable form)

Олар *қал-ды*. – They stayed.

- Past transient tense (Ауыспалы өткен шақ) is used to denote frequently repeated or habitual past actions.

Person	Verb	Personal ending	
		strong	soft
Мен (I)	Stem of the Verb + After vowels *йтын / йтін* + After cons. *атын / етін*	мын	мін
Сен (You)		сың	сін
Сіз (You-respectable form)		сыз	сіз
Ол (he, she, it)		-	-
Біз (We)		быз	біз
Сендер (You, pl.)		сындар	Сіндер
Сіздер (You, respectable form, pl.)		сыздар	сіздер
Олар (They)		-	-

Example: to watch – *көру*. Stem of the Verb is *көр*. Soft stem ends with consonant. Soft suffix – *етін* - and soft endings are applicable.

Балалық шағымда мен мультфильмдерді *көр-етін-мін*. - I used to watch cartoons in my childhood.

Балалық шағыңда сен мультфильмдерді *көр-етін-сін*. - You used to watch cartoons in your childhood. (singular form)

Балалық шағыңызда сіз мультфильмдерді *көр-етін-сіз*. - You used to watch cartoons in your childhood. (sing., respectable form)

Балалық шағында ол мультфильмдерді *көр-етін*. - He/She used to watch cartoons in his/her childhood.

Балалық шағымызда біз мультфильмдерді *көр-етін-біз*. - We used to watch cartoons in our childhood.

Балалық шақтарыңда сендер мультфильмдерді *көр-етін-сіндер*. - You used to watch cartoons in your childhood. (plural form)

Балалық шақтарыңызда сіздер мультфильмдерді *көр-етін-сіздер*. - You used to watch cartoons in your childhood. (plural respectable form)

Балалық шағында олар мультфильмдерді *көр-етін*. Балалық шақта мен мен мультфильмдерді *көр-етін-мін*. –They used to watch cartoons in their childhood.

Rarely used forms of past tense are Obvious past tense and Unobvious past tense.

- Obvious past tense (Бұрынғы өткен шақ) – The action/process has ended in the past, and the speaker is confident of what he is saying or the speaker himself was a witness of an action.

Person	Verb	Personal ending	
		strong	soft
Мен (I)		мын	мін
Сен (You)	Stem of the Verb +	сың	сің
Сіз (You-respectable form)	After breath cons. қан/кен +	сыз	сіз
Ол (he, she, it)	+	-	-
Біз (We)	Other cases ған/ген	мыз	Сіз
Сендер (You, pl.)		сындар	Сіндер
Сіздер (You, respectable form, pl.)		сыздар	сіздер
Олар (They)		-	-

Example: to live –тұру (in the meaning of "live"). Stem of the Verb is тұр. Strong stem ends with sonorant. Suffix – ған - and strong endings are applicable.

Мен Парижде *тұр-ған-мын*. – I have been living in Paris.
Сен Парижде *тұр-ған-сың*. – You have been living in Paris. (singular form)
Сіз Парижде *тұр-ған-сыз*. – You have been living in Paris. (sing., respectable form)
Ол Парижде *тұр-ған*. – He/She has been living in Paris.
Біз Парижде *тұр-ған-мыз*. – We have been living in Paris.
Сендер Парижде *тұр-ған-сындар*. – You have been living in Paris. (plural form)
Сіздер Парижде *тұр-ған-сыздар*. – You have been living in Paris. (plural respectable form)
Олар Парижде *тұр-ған*. – They have been living in Paris.

- Unobvious past tense (Бұрынғы өткен шақ) – a speaker is doubtful of the process/action that have happened in the past.

Person	Verb	Personal ending	
		strong	soft
Мен (I)	Stem of the Verb + - *in* - *ын* - *n* (See the Law of vowel harmony)	пын	пін
Сен (You)		сың	сің
Сіз (You-respectable form)		сыз	сіз
Ол (he, she, it)		ты	ті
Біз (We)		пыз	піз
Сендер (You, pl.)		сындар	Сіндер
Сіздер (You, respectable form, pl.)		сыздар	сіздер
Олар (They)		ты	ті

Example: to met –*кездесу*. Stem of the Verb is *кездес*. Strong stem ends with a consonant. Suffix – *ын* - and strong endings are applicable.

Мен онымен бұрын *кездес-ін-пін*. – It turned out that I have met him in the past.

Сен онымен бұрын *кездес-ін-сің*. – It turned out that you have met him in the past. (singular form)

Сіз онымен бұрын *кездес-ін-сіз*. – It turned out that you have met him in the past. (sing., respectable form)

Ол онымен бұрын *кездес-ін-ті*. – It turned out that he/she has met him in the past.

Біз онымен бұрын *кездес-ін-піз*. – It turned out that we have met him in the past.

Сендер онымен бұрын *кездес-ін-сіндер*. – It turned out that you have met him in the past. (plural form)

Сіздер онымен бұрын *кездес-ін-сіздер*. – It turned out that you have met him in the past. (plural respectable form)

Олар онымен бұрын *кездес-ін-ті*. – It turned out that they have met him in the past.

1. To accept – қабылдау (kabyldau)

Infinitive active	Reflexive voice Infinitive	Passive voice Infinitive
қабылдау kabyldau	қабылдану kabyldanu	қабылдалу kabyldalu

Person	Present Continuous Tense	Present Simple/Future Simple Tense	Past indefinite Tense
1st sing.	қабылдап тұрмын kabyldap turmyn	қабылдаймын kabyldaimyn	қабылдадым kabyldadym
2nd sing.	қабылдап тұрсын kabyldap tursyn	қабылдайсын kabyldaisyn	қабылдадың kabyldadyn
2nd resp. sing.	қабылдап тұрсыз kabyldap tursyz	қабылдайсыз kabyldaisyz	қабылдадыңыз kabyldadynyz
3rd sing. and pl.	қабылдап тұр kabyldap tur	қабылдайды kabyldaidy	қабылдады kabyldady
1st pl.	қабылдап тұрмыз kabyldap turmyz	қабылдаймыз kabyldaimyz	қабылдадық kabyldadyk
2nd resp. pl.	қабылдап тұрсындар kabyldap tursyndar	қабылдайсындар kabyldaisyndar	қабылдадыңдар kabyldadyndar
2nd pl.	қабылдап тұрсыздар kabyldap tursyzdar	қабылдайсыздар kabyldaisyzdar	қабылдадыңыздар kabyldadynyzdar

Бүгін мен тауарды қабылдаймын. (Bugin men tauardy kabyldaimyn.) - Today I am accepting goods.

Бізге оның ұсынысын қабылдау керек. (Bizge onyn usynysyn kabyldau kerek) - We should accept his offer.

2. To admit – мойындау (moiyndau)

Infinitive active	Reflexive voice Infinitive	Passive voice Infinitive
мойындау moiyndau	-	мойындалу moiyndalu

Person	Present Continuous Tense	Present Simple/Future Simple Tense	Past indefinite Tense
1st sing.	мойындап тұрмын moiyndap turmyn	мойындаймын moiyndaimyn	мойындадым moiyndadym
2nd sing.	мойындап тұрсың moiyndap tursyn	мойындайсың moiyndaisyn	мойындадың moiyndadyn
2nd resp. sing.	мойындап тұрсыз moiyndap tursyz	мойындайсыз moiyndaisyz	мойындадыңыз moiyndadynyz
3rd sing. and pl.	мойындап тұр moiyndap tur	мойындайды moiyndaidy	мойындады moiyndady
1st pl.	мойындап тұрмыз moiyndap turmyz	мойындаймыз moiyndaimyz	мойындадық moiyndadyk
2nd resp. pl.	мойындап тұрсындар moiyndap tursyndar	мойындайсындар moiyndaisyndar	мойындадындар moiyndadyndar
2nd pl.	мойындап тұрсыздар moiyndap tursyzdar	мойындайсыздар moiyndaisyzdar	мойындадыңыздар moiyndadynyzdar

Жігіт кінәсін мойындайды. (Zhigit kinasin moiyndaidy.) – The lad will admit his guilt.

Мен қатемді мойындадым. (Men katemdi moiyndadym.) - I admitted my mistakes.

3. To answer- жауап беру (zhauap beru)

Infinitive active	Reflexive voice Infinitive	Passive voice Infinitive
жауап беру zhauap beru	-	жауап берілу zhauap berilu

Person	Present Continuous Tense	Present Simple/Future Simple Tense	Past indefinite Tense
1st sing.	жауап беріп тұрмын zhauap berip turmyn	жауап беремін zhauap beremin	жауап бердім zhauap berdim
2nd sing.	жауап беріп тұрсын zhauap berip tursyn	жауап бересін zhauap beresin	жауап бердің zhauap berdin
2nd resp. sing.	жауап беріп тұрсыз zhauap berip tursyndar	жауап бересіз zhauap beresiz	жауап бердіңіз zhauap berdiniz
3rd sing. and pl.	жауап беріп тұр zhauap berip tur	жауап береді zhauap beredi	жауап берді zhauap berdi
1st pl.	жауап беріп тұрмыз zhauap berip turmyz	жауап береміз zhauap beremiz	жауап бердік zhauap berdik
2nd resp. pl.	жауап беріп тұрсындар zhauap berip tursyndar	жауап бересіндер zhauap beresinder	жауап бердіңдер zhauap berdinder
2nd pl.	жауап беріп тұрсыздар zhauap berip tursyzdar	жауап бересіздер zhauap beresizder	жауап бердіңіздер zhauap berdinizder

Сұрағыма жауап бердің (Suragyma zhauap berdin). – You have answered to my question.

Телефонға жауап бересіз бе? (Telephonga zhauap beresyz be?) – Will you answer the phone?

4. To appear - пайда болу (paida bolu)

Infinitive active	Reflexive voice Infinitive	Passive voice Infinitive
пайда болу paida bolu	-	-

Person	Present Continuous Tense	Present Simple/Future Simple Tense	Past indefinite Tense
1st sing.	пайда болып тұрмын paida bolyp turmyn	пайда боламын paida bolamyn	пайда болдым paida boldym
2nd sing.	пайда болып тұрсын paida bolyp tursyn	пайда боласын paida bolasyn	пайда болдың paida boldyn
2nd resp. sing.	пайда болып тұрсыз paida bolyp tursyndar	пайда боласыз paida bolasyz	пайда болдыңыз paida boldynyz
3rd sing. and pl.	пайда болып тұр paida bolyp tur	пайда болады paida bolady	пайда болды paida boldy
1st pl.	пайда болып тұрмыз paida bolyp turmyz	пайда боламыз paida bolamyz	пайда болдық paida boldyk
2nd resp. pl.	пайда болып тұрсындар paida bolyp tursyndar	пайда боласындар paida bolasyndar	пайда болдыңдар paida boldyndar
2nd pl.	пайда болып тұрсыздар paida bolyp tursyzdar	пайда боласыздар paida bolasyzdar	пайда болдыңыздар paida boldynyzdar

Қате пайда болды (Kate paida boldy). – Error has appeared.

Ол үйде таңертең ғана пайда болды (Ol uide tanerten gana paida boldy). – He appeared at home only in the morning.

5. To ask – сұрау (surau)

Infinitive active	Reflexive voice Infinitive	Passive voice Infinitive
сұрау surau	сұрану suranu	сұралу suralu

Person	Present Continuous Tense	Present Simple/Future Simple Tense	Past indefinite Tense
1st sing.	сұрап отырмын surap otyrmyn	сұраймын suraimyn	сұрадым suradym
2nd sing.	сұрап отырсын surap otyrsyn	сұрайсын suraisyn	сұрадың suradyn
2nd resp. sing.	сұрап отырсыз surap otyrsyz	сұрайсыз suraisyz	сұрадыңыз suradynyz
3rd sing. and pl.	сұрап отыр surap otyr	сұрайды suraidy	сұрады surady
1st pl.	сұрап отырмыз surap otyrmyz	сұраймыз suraimyz	сұрадық suradyk
2nd resp. pl.	сұрап отырсындар surap otyrsyndar	сұрайсындар suraisyndar	сұрадыңдар suradyndar
2nd pl.	сұрап отырсыздар surap otyrsyzdar	сұрайсыздар suraisyzdar	сұрадыңыздар suradynyzdar

Кешірім сұраймын (Keshirim suraimyn) – I ask you to excuse me.

Сен бірдеңе сұрадың ба? (Sen birdene suradyn ba?) – Did you ask something?

6. To be – болу (bolu) (I)

Infinitive active	Reflexive voice Infinitive	Passive voice Infinitive
болу bolu	-	-

Person	Present Continuous Tense	Present Simple/Future Simple Tense	Past indefinite Tense
1st sing.	болып тұрмын bolyp turmyn	боламын bolamyn	болдым boldym
2nd sing.	болып тұрсын bolyp tursyn	боласын bolasyn	болдың boldyn
2nd resp. sing.	болып тұрсыз bolyp tursyz	боласыз bolasyz	болдыңыз boldynyz
3rd sing. and pl.	болып тұр bolyp tur	болады bolady	болды boldy
1st pl.	болып тұрмыз bolyp turmyz	боламыз bolamyz	болдық boldyk
2nd resp. pl.	болып тұрсындар bolyp tursyndar	боласындар bolasyndar	болдыңдар boldyndar
2nd pl.	болып тұрсыздар bolyp tursyzdar	боласыздар bolasyzdar	болдыңыздар boldynyzdar

Мен Парижде бол**дым**. (**Men** Parizhde bol**dym**.)- I have been to Paris.

Сіз дәрі**гер** бол**а**сыз ба? (**Siz** dari**ger** bol**a**syz ba?) – Will you be a doctor?

7. To be able to - алу (al**u**) (I)

Infinitive active	Reflexive voice Infinitive	Passive voice Infinitive
алу al**u**	-	-

Person	Present Continuous Tense	Present Simple/Future Simple Tense	Past indefinite Tense
1st sing.	алып тұрмын al**yp tu**rmyn	аламын al**a**myn	алдым al**dy**m
2nd sing.	алып тұрсын al**yp tu**rsyn	аласын al**a**syn	алдың al**dy**n
2nd resp. sing.	алып тұрсыз al**yp tu**rsyz	аласыз al**a**syz	алдыңыз al**dy**nyz
3rd sing. and pl.	алып тұр al**yp tu**r	алады al**a**dy	алды al**dy**
1st pl.	алып тұрмыз al**yp tu**rmyz	аламыз al**a**myz	алдық al**dy**k
2nd resp. pl.	алып тұрсындар al**yp tu**rsyndar	аласындар al**a**syndar	алдыңдар al**dy**ndar
2nd pl.	алып тұрсыздар al**yp tu**rsyzdar	аласыздар al**a**syzdar	алдыңыздар al**dy**nyz**dar**

Мен сөмкені **өзім** көте**ре** аламын. (**Men** somke**ni** o**zim** kote**re** al**a**myn.) – I am able to raise the bag myself.

Ол бір ай ішінде жүре алады. (**Ol bir ai** ishinde zhu**re** al**a**dy.) – He will be able to walk in one month.

8. To become - болып қалу (bolyp kalu)

Infinitive active	Reflexive voice Infinitive	Passive voice Infinitive
болып қалу bolyp kalu	-	-

Person	Present Continuous Tense	Present Simple/Future Simple Tense	Past indefinite Tense
1st sing.	болып қалып тұрмын bolyp kalyp turmyn	болып қаламын bolyp kalamyn	болып қалдым bolyp kaldym
2nd sing.	болып қалып тұрсын bolyp kalyp tursyn	болып қаласын bolyp kalasyn	болып қалдың bolyp kaldyn
2nd resp. sing.	болып қалып тұрсыз bolyp kalyp tursyz	болып қаласыз bolyp kalasyz	болып қалдыңыз bolyp kaldynyz
3rd sing. and pl.	болып қалып тұр bolyp kalyp tur	болып қалады bolyp kalady	болып қалды bolyp kaldy
1st pl.	болып қалып тұрмыз bolyp kalyp turmyz	болып қаламыз bolyp kalamyz	болып қалдық bolyp kaldyk
2nd resp. pl.	болып қалып тұрсындар bolyp kalyp tursyndar	болып қаласындар bolyp kalasyndar	болып қалдыңдар bolyp kaldyndar
2nd pl.	болып қалып тұрсыздар bolyp kalyp tursyzdar	болып қаласыздар bolyp kalasyzdar	болып қалдыңыздар bolyp kaldynyzdar

Біз кінәлі **болып қалдық. (Biz** kinali **bolyp kaldyk)** – We became guilty.

Шылым шегу **оның** әдеті **болып қалды. (Shylym** she**gu** on**yn** ade**ti** bo**lyp** kal**dy**). - Smoking became his habit.

9. To begin – бас**тау** (bas**tau**)

Infinitive active	Reflexive voice Infinitive	Passive voice Infinitive
бас**тау** bas**tau**	-	бастал**у** bastal**u**

Person	Present Continuous Tense	Present Simple/Future Simple Tense	Past indefinite Tense
1st sing.	бас**тап тұр**мын bas**tap tu**rmyn	бас**тай**мын bas**tai**myn	баста**дым** basta**dym**
2nd sing.	бас**тап тұр**сын bas**tap tu**rsyn	бас**тай**сын bas**tai**syn	баста**дың** basta**dyn**
2nd resp. sing.	бас**тап тұр**сыз bas**tap tu**rsyz	бас**тай**сыз bas**tai**syz	баста**дыңыз** basta**dynyz**
3rd sing. and pl.	бас**тап тұр** bas**tap tur**	бас**тай**ды bas**tai**dy	баста**ды** basta**dy**
1st pl.	бас**тап тұр**мыз bas**tap tu**rmyz	бас**тай**мыз bas**tai**myz	баста**дық** basta**dyk**
2nd resp. pl.	бас**тап тұр**сындар bas**tap tu**rsyndar	бас**тай**сындар bas**tai**syndar	баста**дың**дар basta**dyn**dar
2nd pl.	бас**тап тұр**сыздар bas**tap tu**rsyzdar	бас**тай**сыздар bas**tai**syzdar	баста**дыңыз**дар basta**dynyz**dar

Той**ды** тоғыз**да** бас**тай**мыз (Toi**dy** togyz**da** bas**tai**myz).- We will begin the celebration at 9 o'clock.

Саша жұ**мыс** баста**ды**.(**Sa**sha zhu**mys** basta**dy**) – Sasha began to work.

10. To break – сынды**ру** (syndy**ru**)

Infinitive active	Reflexive voice Infinitive	Passive voice Infinitive
сынды**ру** syndy**ru**	-	сындыры**лу** syndyry**lu**

Person	Present Continuous Tense	Present Simple/Future Simple Tense	Past indefinite Tense
1st sing.	сынды**рып тұр**мын syndy**рып тур**myn	сынды**ра**мын syndy**ra**myn	сындыр**дым** syndyr**dym**
2nd sing.	сынды**рып тұр**сын syndy**ryp tur**syn	сынды**ра**сын syndy**ra**syn	сындыр**дың** syndyr**dyn**
2nd resp. sing.	сынды**рып тұр**сыз syndy**ryp tur**syz	сынды**ра**сыз syndy**ra**syz	сындыр**дыңыз** syndyr**dynyz**
3rd sing. and pl.	сынды**рып тұр** syndy**ryp tur**	сынды**ра**ды syndy**ra**dy	сындыр**ды** syndyr**dy**
1st pl.	сынды**рып тұр**мыз syndy**ryp tur**myz	сынды**ра**мыз syndy**ra**myz	сындыр**дық** syndyr**dyk**
2nd resp. pl.	сынды**рып тұр**сындыр syndy**ryp tur**syndar	сынды**ра**сындыр syndy**ra**syndar	сындыр**дың**ар syndyr**dyn**dar
2nd pl.	сынды**рып тұр**сыздар syndy**ryp tur**syzdar	сынды**ра**сыздар syndy**ra**syzdar	сындыр**дыңыз**дар syndyr**dynyz**dar

Тонаушы**лар** терезе**ні** сындыр**ды**. (Tonaushy**lar** tereze**ni** syndyr**dy**) – The robbers have broken the window.

Абайла! Ы**дыс** сынды**ра**сын. (Abai**la**! Y**dys** syndy**ra**syn.) – Be careful! You can break the crockery.

11. To breathe - ауа жұту (aua zhutu)

Infinitive active	Reflexive voice Infinitive	Passive voice Infinitive
ауа жұту aua zhutu	-	-

Person	Present Continuous Tense	Present Simple/Future Simple Tense	Past indefinite Tense
1st sing.	ауа жұтып отырмын aua zhutyp otyrmyn	ауа жұтамын aua zhutamyn	ауа жұттым aua zhuttym
2nd sing.	ауа жұтып отырсын aua zhutyp otyrsyn	ауа жұтасын aua zhutasyn	ауа жұттың aua zhuttyn
2nd resp. sing.	ауа жұтып отырсыз aua zhutyp otyrsyz	ауа жұтасыз aua zhutasyz	ауа жұттыңыз aua zhuttynyz
3rd sing. and pl.	ауа жұтып отыр aua zhutyp otyr	ауа жұтады aua zhutady	ауа жұтты aua zhutty
1st pl.	ауа жұтып отырмыз aua zhutyp otyrmyz	ауа жұтамыз aua zhutamyz	ауа жұттық aua zhuttyk
2nd resp. pl.	ауа жұтып отырсындар aua zhutyp otyrsyndar	ауа жұтасындар aua zhutasyndar	ауа жұттыңдар aua zhuttyndar
2nd pl.	ауа жұтып отырсыздар aua zhutyp otyrsyzdar	ауа жұтасыздар aua zhutasyzdar	ауа жұттыңыздар aua zhuttynyzdar

Балалар таза ауа жұтып отыр. (Balalar taza aua zhutyp otyr). - The children are breathing fresh air.

Мұрын арқылы ауа жұтасын. (Muryn arkyly aua zhutasyn.) – You will breath though the nose.

12. To buy - сатып алу (sa**typ** al**u**)

Infinitive active	Reflexive voice Infinitive	Passive voice Infinitive
сатып алу sa**typ** al**u**	-	сатып алылу sa**typ** aly**lu**

Person	Present Continuous Tense	Present Simple/Future Simple Tense	Past indefinite Tense
1st sing.	сатып алып тұрмын sa**typ** a**lyp** tu**r**myn	сатып аламын sa**typ** a**l**amyn	сатып алдым sa**typ** al**dym**
2nd sing.	сатып алып тұрсын sa**typ** a**lyp** tu**r**syn	сатып аласын sa**typ** a**l**asyn	сатып алдың sa**typ** al**dyn**
2nd resp. sing.	сатып алып тұрсыз sa**typ** a**lyp** tu**r**syz	сатып аласыз sa**typ** a**l**asyz	сатып алдыңыз sa**typ** al**dynyz**
3rd sing. and pl.	сатып алып тұр sa**typ** a**lyp** tu**r**	сатып алады sa**typ** a**l**ady	сатып алды sa**typ** al**dy**
1st pl.	сатып алып тұрмыз sa**typ** a**lyp** tu**r**myz	сатып аламыз sa**typ** a**l**amyz	сатып алдық sa**typ** al**dyk**
2nd resp. pl.	сатып алып тұрсындар sa**typ** a**lyp** tu**r**syndar	сатып аласындар sa**typ** a**l**asyndar	сатып алдындар sa**typ** al**dyn**dar
2nd pl.	сатып алып тұрсыздар sa**typ** a**lyp** tu**r**syzdar	сатып аласыздар sa**typ** a**l**asyzdar	сатып алдыңыздар sa**typ** al**dynyz**dar

Билетіңді қайда сатып алдың? (Bileti**ndi** kai**da** sa**typ** al**dyn**?) – Where did you by your ticket?

Біз жаңа пә**тер** сатып ал**дық**. (**Biz** zhana pa**ter** sa**typ** al**dyk**). – We have bought a new flat.

13. To call - телефон шалу (telefon shalu)

Infinitive active	Reflexive voice Infinitive	Passive voice Infinitive
телефон шалу telefon shalu	-	-

Person	Present Continuous Tense	Present Simple/Future Simple Tense	Past indefinite Tense
1st sing.	телефон шалып тұрмын telefon shalyp turmyn	телефон шаламын telefon shalamyn	телефон шалдым telefon shaldym
2nd sing.	телефон шалып тұрсын telefon shalyp tursyn	телефон шаласын telefon shalasyn	телефон шалдың telefon shaldyn
2nd resp. sing.	телефон шалып тұрсыз telefon shalyp tursyz	телефон шаласыз telefon shalasyz	телефон шалдыңыз telefon shaldynyz
3rd sing. and pl.	телефон шалып тұр telefon shalyp tur	телефон шалады telefon shalady	телефон шалды telefon shaldy
1st pl.	телефон шалып тұрмыз telefon shalyp turmyz	телефон шаламыз telefon shalamyz	телефон шалдық telefon shaldyk
2nd resp. pl.	телефон шалып тұрсындар telefon shalyp tursyndar	телефон шаласындар telefon shalasyndar	телефон шалдыңдар telefon shaldyndar
2nd pl.	телефон шалып тұрсыздар telefon shalyp tursyzdar	телефон шаласыздар telefon shalasyzdar	телефон шалдыңыздар telefon shaldynyzdar

Ертең телефон шаламын. (Erten telefon shalamyn.) - Tomorrow I will call.

Полицияға телефон шалып тұрмыз.(Poliziyaga telefon shalyp turmyz.) – We are calling a police.

14. To can - алу (alu) (II)

Infinitive active	Reflexive voice Infinitive	Passive voice Infinitive
алу alu	-	-

Person	Present Continuous Tense	Present Simple/Future Simple Tense	Past indefinite Tense
1st sing.	алып тұрмын alyp turmyn	аламын alamyn	алдым aldym
2nd sing.	алып тұрсын alyp tursyn	аласын alasyn	алдың aldyn
2nd resp. sing.	алып тұрсыз alyp tursyz	аласыз alasyz	алдыңыз aldynyz
3rd sing. and pl.	алып тұр alyp tur	алады alady	алды aldy
1st pl.	алып тұрмыз alyp turmyz	аламыз alamyz	алдық aldyk
2nd resp. pl.	алып тұрсындар alyp tursyndar	аласындар alasyndar	алдыңдар aldyndar
2nd pl.	алып тұрсыздар alyp tursyzdar	аласыздар alasyzdar	алдыңыздар aldynyzdar

Сіз бұл жұмысты істей аласыз ба? (**Siz bul** zhumysty is**tei ala**syz ba?) – Can you do this work?

Мари**я** гита**ра**да ой**най** ала**ды**. (Ma**ri**ya gita**ra**da oi**nai ala**dy.) – Mary can play the guitar.

15. To choose – таңдау (tandau)

Infinitive active	Reflexive voice Infinitive	Passive voice Infinitive
таңдау tandau	-	таңдалу tandalu

Person	Present Continuous Tense	Present Simple/Future Simple Tense	Past indefinite Tense
1st sing.	таңдап тұрмын tandap turmyn	таңдаймын tandaimyn	таңдадым tandadym
2nd sing.	таңдап тұрсын tandap tursyn	таңдайсын tandaisyn	таңдадың tandadyn
2nd resp. sing.	таңдап тұрсыз tandap tursyz	таңдайсыз tandaisyz	таңдадыңыз tandadynyz
3rd sing. and pl.	таңдап тұр tandap tur	таңдайды tandaidy	таңдады tandady
1st pl.	таңдап тұрмыз tandap turmyz	таңдаймыз tandaimyz	таңдадық tandadyk
2nd resp. pl.	таңдап тұрсындар tandap tursyndar	таңдайсындар tandaisyndar	таңдадындар tandadyndar
2nd pl.	таңдап тұрсыздар tandap tursyzdar	таңдайсыздар tandaisyzdar	таңдадыңыздар tandadynyzdar

Олар ең әдемі гүлдерді таңдап тұр. (Olar en ademi gulderdi tandap tur.) – They are choosing the most beautiful flowers.

Қазір біз жеңімпазды таңдаймыз. (Kazir biz zhenimpazdy tandaimyz.) – We will choose the winner right now.

16. To close – жа**бу** (zha**bu**)

Infinitive active	Reflexive voice Infinitive	Passive voice Infinitive
жа**бу** zha**bu**	-	жабы**лу** zhaby**lu**

Person	Present Continuous Tense	Present Simple/Future Simple Tense	Past indefinite Tense
1st sing.	жау**ып** от**ыр**мын zhau**yp** ot**yr**myn	жа**ба**мын zha**ba**myn	жап**тым** zhap**tym**
2nd sing.	жау**ып** от**ыр**сын zhau**yp** ot**yr**syn	жа**ба**сын zha**ba**syn	жап**тың** zhap**tyn**
2nd resp. sing.	жау**ып** от**ыр**сыз zhau**yp** ot**yr**syz	жа**ба**сыз zha**ba**syz	жап**тыңыз** zhap**tynyz**
3rd sing. and pl.	жау**ып** от**ыр** zhau**yp** ot**yr**	жа**ба**ды zha**ba**dy	жап**ты** zhap**ty**
1st pl.	жау**ып** от**ыр**мыз zhau**yp** ot**yr**myz	жа**ба**мыз zha**ba**myz	жап**тық** zhap**tyk**
2nd resp. pl.	жау**ып** от**ыр**сындар zhau**yp** ot**yr**syndar	жа**ба**сындар zha**ba**syndar	жап**тың**дар zhap**tyn**dar
2nd pl.	жау**ып** от**ыр**сыздар zhau**yp** ot**yr**syzdar	жа**ба**сыздар zha**ba**syzdar	жап**тыңыздар** zhap**tynyz**dar

Есік**ті** не**ге** жап**тың**дар? (Esik**ti** ne**ge** zhap**tyn**dar?) – Why did you close the door?

Терезе**ні** жап**тың** ба? (Tereze**ni** zhap**tyn** ba?) – Did you close the window?

17. To come – келу (kelu)

Infinitive active	Reflexive voice Infinitive	Passive voice Infinitive
келу ke**lu**	–	–

Person	Present Continuous Tense	Present Simple/Fuzh atyre Simple Tense	Past indefinite Tense
1ˢᵗ sing.	келе жатырмын ke**le zha**tyrmyn	келемін kelemin	келдім kel**dim**
2ⁿᵈ sing.	келе жатырсын ke**le zha**tyrsyn	келесін kelesin	келдің kel**din**
2ⁿᵈ resp. sing.	келе жатырсыз ke**le zha**tyrsyndar	келесіз kelesiz	келдіңіз kel**diniz**
3ʳᵈ sing. and pl.	келе жатыр ke**le zha**tyr	келеді keledi	келді kel**di**
1ˢᵗ pl.	келе жатырмыз ke**le zha**tyrmyz	келеміз kelemiz	келдік kel**dik**
2ⁿᵈ resp. pl.	келе жатырсындар ke**le zha**tyrsyndar	келесіндер kelesinder	келдіңдер kel**dinder**
2ⁿᵈ pl.	келе жатырсыздар ke**le zha**tyrsyzdar	келесіздер kelesizder	келдіңіздер kel**diniz**der

Келе жатырмын (Ke**le zha**tyrmyn) – I am coming.

Сіз жұмыс**қа** ерте келді**ңіз.** (**Siz** zhumis**ka** erte keldi**niz**). – You have come to work early.

18. To cook – тамақ дайындау (tamak daiyndau)

Infinitive active	Reflexive voice Infinitive	Passive voice Infinitive
тамақ дайындау tamak daiyndau	-	тамақ дайындалу tamak daiyndalu

Person	Present Continuous Tense	Present Simple/Future Simple Tense	Past indefinite Tense
1st sing.	тамақ дайындап тұрмын tamak daiyndap turmyn	тамақ дайындаймын tamak daiyndaimyn	тамақ дайындадым tamak daiyndadym
2nd sing.	тамақ дайындап тұрсын tamak daiyndap tursyn	тамақ дайындайсын tamak daiyndaisyn	тамақ дайындадың tamak daiyndadyn
2nd resp. sing.	тамақ дайындап тұрсыз tamak daiyndap tursyz	тамақ дайындайсыз tamak daiyndaisyz	тамақ дайындадыңыз tamak daiyndadynyz
3rd sing. and pl.	тамақ дайындап тұр tamak daiyndap tur	тамақ дайындайды tamak daiyndaidy	тамақ дайындады tamak daiyndady
1st pl.	тамақ дайындап тұрмыз tamak daiyndap turmyz	тамақ дайындаймыз tamak daiyndaimyz	тамақ дайындадық tamak daiyndadyk
2nd resp. pl.	тамақ дайындап тұрсындар tamak daiyndap tursyndar	тамақ дайындайсындар tamak daiyndaisyndar	тамақ дайындадыңдар tamak daiyndadyndar
2nd pl.	тамақ дайындап тұрсыздар tamak daiyndap tursyzdar	тамақ дайындайсыздар tamak daiyndaisyzdar	тамақ дайындадыңыздар tamak daiyndadynyzdar

Мен қызыммен тамақ дайындап тұрмын. (**Men** kyzymmen tamak daiyndap turmyn.) – I am cooking with my daughter.

Мен кеткенде, сен тамақ дайындайсын. (**Men** ketkende, sen tamak daiyndaisyn.) – You will cook when I leave.

19. To cry – жылау (zhylau)

Infinitive active	Reflexive voice Infinitive	Passive voice Infinitive
жылау zhylau	-	-

Person	Present Continuous Tense	Present Simple/Fuotyre Simple Tense	Past indefinite Tense
1st sing.	жылап отырмын zhylap otyrmyn	жылаймын zhylaimyn	жыладым zhyladym
2nd sing.	жылап отырсын zhylap otyrsyn	жылайсын zhylaisyn	жыладың zhyladyn
2nd resp. sing.	жылап отырсыз zhylap otyrsyz	жылайсыз zhylaisyz	жыладыңыз zhyladynyz
3rd sing. and pl.	жылап отыр zhylap otyr	жылайды zhylaidy	жылады zhylady
1st pl.	жылап отырмыз zhylap otyrmyz	жылаймыз zhylaimyz	жыладық zhyladyk
2nd resp. pl.	жылап отырсындар zhylap otyrsyndar	жылайсындар zhylaisyndar	жыладыңдар zhyladyndar
2nd pl.	жылап отырсыздар zhylap otyrsyzdar	жылайсыздар zhylaisyzdar	жыладыңыздар zhyladynyzdar

Мэри бөлмесінде жылап тұр. (Mary bolmesynde zhylap tur.) – Mary is crying in her room.

Сәби кеше көп жылады. (Sabi keshe kop zhylady.) – The baby cried a lot yesterday.

20. To dance - билеу (bileu)

Infinitive active	Reflexive voice Infinitive	Passive voice Infinitive
билеу bileu	-	-

Person	Present Continuous Tense	Present Simple/Fuzhure Simple Tense	Past indefinite Tense
1st sing.	билеп жүрмін bilep zhurmin	билеймін bileimin	биледім biledim
2nd sing.	билеп жүрсін bilep zhursin	билейсін bileisin	биледің biledin
2nd resp. sing.	билеп жүрсіз bilep zhursiz	билейсіз bileisiz	биледіңіз biledyniz
3rd sing. and pl.	билеп жүр bilep zhur	билейді bileidi	биледі biledi
1st pl.	билеп жүрміз bilep zhurmiz	билейміз bileimiz	биледік biledik
2nd resp. pl.	билеп жүрсіндер bilep zhursinder	билейсіндер bileisinder	биледіндер biledinder
2nd pl.	билеп жүрсіздер bilep zhursizder	билейсіздер bileisizder	биледіңіздер biledinizder

Билейсіз ба? (Bileisiz ba?) – Will you dance?

Қыз испан биді билеп жүр. (**Kyz** ispan bidi bilep zhur.) – The girl is dancing Spanish dance.

21. To decide – шешу (she**shu**)

Infinitive active	Reflexive voice Infinitive	Passive voice Infinitive
шешу she**shu**	-	шешілу sheshi**lu**

Person	Present Continuous Tense	Present Simple/Future Simple Tense	Past indefinite Tense
1st sing.	шешіп тұрмын she**ship tu**rmyn	шешемін she**she**min	шештім she**sh**tim
2nd sing.	шешіп тұрсын she**ship tu**rsyn	шешесін she**she**sin	шештің she**sh**tin
2nd resp. sing.	шешіп тұрсыз she**ship tu**rsyz	шешесіз she**she**siz	шештіңіз she**sh**tiniz
3rd sing. and pl.	шешіп тұр she**ship tu**r	шешеді she**she**di	шешті she**sh**ti
1st pl.	шешіп тұрмыз she**ship tu**rmyz	шешеміз she**she**miz	шештік she**sh**tik
2nd resp. pl.	шешіп тұрсындар she**ship tu**rsyndar	шешесіндер she**she**sinder	шештіңдер she**sh**tinder
2nd pl.	шешіп тұрсыздар she**ship tu**rsyzdar	шешесіздер she**she**sizder	шештіңіздер she**sh**tinizder

Мен Берлин**де** қалу**ды** шеш**тім.** (**Men** Berlin**de** kalu**dy** shesh**tim.**) – I decided to stay in Berlin.

Не**ні** ше**шіп тұр**с**ын**дар? (N**eni** she**ship tur**syndar?) – What are you deciding now?

22. To decrease – азай**ту** (azai**tu**)

Infinitive active	Reflexive voice Infinitive	Passive voice Infinitive
азай**ту** azai**tu**	-	азайты**лу** azaity**lu**

Person	Present Continuous Tense	Present Simple/Future Simple Tense	Past indefinite Tense
1st sing.	азай**тып** от**ыр**мын azai**typ** ot**yr**myn	азай**та**мын azai**ta**myn	азай**ттым** azai**ttym**
2nd sing.	азай**тып** от**ыр**сын azai**typ** ot**yr**syn	азай**та**сын azai**ta**syn	азай**ттың** azai**ttyn**
2nd resp. sing.	азай**тып** от**ыр**сыз azai**typ** ot**yr**syz	азай**та**сыз azai**ta**syz	азай**ттыңыз** azai**ttynyz**
3rd sing. and pl.	азай**тып** от**ыр** azai**typ** ot**yr**	азай**та**ды azai**ta**dy	азай**тты** azai**tty**
1st pl.	азай**тып** от**ыр**мыз azai**typ** ot**yr**myz	азай**та**мыз azai**ta**myz	азай**ттық** azai**ttyk**
2nd resp. pl.	азай**тып** от**ыр**сындар azai**typ** ot**yr**syndar	азай**та**сындар azai**ta**syndar	азай**ттың**дар azai**tty**ndar
2nd pl.	азай**тып** от**ыр**сыздар azai**typ** ot**yr**syzdar	азай**та**сыздар azai**ta**syzdar	азай**ттыңыз**дар azai**ttynyz**dar

Сіз баға**ны** азай**та**сыз ба? (**Siz** baga**ny** azai**ta**syz ba?) – Will you decrease the price?

Редакция кі**тап** шығару**ды** азай**тты**. (**Red**akciya ki**tap** shygaru**dy** azai**tty**.) – The editor's office decreased the book issue.

23. To die – қаза табу (kaza tabu)

Infinitive active	Reflexive voice Infinitive	Passive voice Infinitive
қаза табу kaza tabu	-	-

Person	Present Continuous Tense	Present Simple/Future Simple Tense	Past indefinite Tense
1st sing.	қаза тауып отырмын kaza tauyp otyrmyn	қаза табамын kaza tabamyn	қаза таптым kaza taptym
2nd sing.	қаза тауып отырсын kaza tauyp otyrsyn	қаза табасын kaza tabasyn	қаза таптың kaza taptyn
2nd resp. sing.	қаза тауып отырсыз kaza tauyp otyrsyz	қаза табасыз kaza tabasyz	қаза таптыңыз kaza taptynyz
3rd sing. and pl.	қаза тауып отыр kaza tauyp otyr	қаза табады kaza tabady	қаза тапты kaza tapty
1st pl.	қаза тауып отырмыз kaza tauyp otyrmyz	қаза табамыз kaza tabamyz	қаза таптық kaza taptyk
2nd resp. pl.	қаза тауып отырсындар kaza tauyp otyrsyndar	қаза табасындар kaza tabasyndar	қаза таптыңдар kaza taptyndar
2nd pl.	қаза тауып отырсыздар kaza tauyp otyrsyzdar	қаза табасыздар kaza tabasyzdar	қаза таптыңыздар kaza taptynyzdar

Пушкин 1837 жылы қаза тапты. (Pushkin 1837 zhyly kaza tapty) - Pushkin died in 1837.

Әзіз ит аштан қаза тапты. (Aziz it ashtan kaza tapty). – Poor dog died from hunger.

24. To do – істеу (isteu)

Infinitive active	Reflexive voice Infinitive	Passive voice Infinitive
істеу isteu	-	істелу istelu

Person	Present Continuous Tense	Present Simple/Future Simple Tense	Past indefinite Tense
1st sing.	істеп тұрмын istep turmyn	істеймін isteimin	істедім istedim
2nd sing.	істеп тұрсын istep tursyn	істейсін isteisin	істедің istedin
2nd resp. sing.	істеп тұрсыз istep tursyz	істейсіз isteisiz	істедіңіз istediniz
3rd sing. and pl.	істеп тұр istep tur	істейді isteidi	істеді istedi
1st pl.	істеп тұрмыз istep turmyz	істейміз isteimiz	істедік istedik
2nd resp. pl.	істеп тұрсындар istep tursyndar	істейсіндер isteisinder	істедіңдер istedynder
2nd pl.	істеп тұрсыздар istep tursyzdar	істейсіздер isteisizder	істедіңіздер istedinizder

Сіз кеше не істедіңіз? (**Siz** ke**she ne** istedi**niz**?) – What were you doing yesterday?

Үйге келген**де, үй** жұмы**сын** істейсін. (**Ui**ge kelgen**de, ui** zhumy**syn** is**te**isin) – When you come home, you will do homework.

25. To drink - ішу (ishu)

Infinitive active	Reflexive voice Infinitive	Passive voice Infinitive
ішу ishu	-	ішілу ishilu

Person	Present Continuous Tense	Present Simple/Future Simple Tense	Past indefinite Tense
1st sing.	ішіп тұрмын iship turmyn	ішемін ishemin	іштім ishtim
2nd sing.	ішіп тұрсын iship tursyn	ішесін ishesin	іштің ishtin
2nd resp. sing.	ішіп тұрсыз iship tursyz	ішесіз ishesiz	іштініз ishtiniz
3rd sing. and pl.	ішіп тұр iship tur	ішеді ishedi	іші ishti
1st pl.	ішіп тұрмыз iship turmyz	ішеміз ishemiz	іштік ishtik
2nd resp. pl.	ішіп тұрсындар iship tursyndar	ішесіндер ishesinder	іштіндер ishtinder
2nd pl.	ішіп тұрсыздар iship tursyzdar	ішесіздер ishesizder	іштініздер ishtinizder

Біз коланы **ішіп тұр**мыз. (**Biz ko**lany **iship tur**myz.) – We are drinking Cola.

Су ішесіздер ме? (**Su ishe**sizder me?) – Will you drink water?

26. To drive - машинамен жүру (mashinamen zhuru)

Infinitive active	Reflexive voice Infinitive	Passive voice Infinitive
машинамен жүру mashinamen zhuru	-	-

Person	Present Continuous Tense	Present Simple/Future Simple Tense	Past indefinite Tense
1st sing.	машинамен жүрмін mashinamen zhurmin	машинамен жүремін mashinamen zhuremin	машинамен жүрдім mashinamen zhurdim
2nd sing.	машинамен жүрсін mashinamen zhursin	машинамен жүресін mashinamen zhuresin	машинамен жүрдің mashinamen zhurdin
2nd resp. sing.	машинамен жүрсіз mashinamen zhursiz	машинамен жүресіз mashinamen zhuresiz	машинамен жүрдіңіз mashinamen zhurdiniz
3rd sing. and pl.	машинамен жүр mashinamen zhur	машинамен жүреді mashinamen zhuredi	машинамен жүрді mashinamen zhurdi
1st pl.	машинамен жүрміз mashinamen zhurmiz	машинамен жүреміз mashinamen zhuremiz	машинамен жүрдік mashinamen zhurdik
2nd resp. pl.	машинамен жүрсіндер mashinamen zhursinder	машинамен жүресіндер mashinamen zhuresinder	машинамен жүрдіңдер mashinamen zhurdinder
2nd pl.	машинамен жүрсіздер mashinamen zhursizder	машинамен жүресіздер mashinamen zhuresizder	машинамен жүрдіңіздер mashinamen zhurdynizder

Ол машинамен тез жүреді. (**Ol** mashinamen tez zhuredi.) – He drives fast.

Мен Мир көшесімен машинамен жүрмін. (**Men Mir** koshesimen mashinamen zhurmin.) – I am driving along the Mir Street.

27. To eat – жеу (zheu)

Infinitive active	Reflexive voice Infinitive	Passive voice Infinitive
жеу zheu	-	-

Person	Present Continuous Tense	Present Simple/Future Simple Tense	Past indefinite Tense
1st sing.	жеп тұрмын zhep turmyn	жеймін zheimin	жедім zhedim
2nd sing.	жеп тұрсың zhep tursyn	жейсің zheisin	жедің zhedin
2nd resp. sing.	жеп тұрсыз zhep tursyz	жейсіз zheisiz	жедіңіз zhediniz
3rd sing. and pl.	жеп тұр zhep tur	жейді zheidi	жеді zhedi
1st pl.	жеп тұрмыз zhep turmyz	жейміз zheimiz	жедік zhedik
2nd resp. pl.	жеп тұрсыңдар zhep tursyndar	жейсіндер zheisinder	жедіңдер zhedinder
2nd pl.	жеп тұрсыздар zhep tursyzdar	жейсіздер zheisizder	жедіңіздер zhedinizder

Біз құлпы**най** жед**ік. (Biz** kulpy**nai** zhe**dik.)** – We have eaten strawberries.

Бала**лар**, балмұз**дақ жей**сіндер ме? (Bala**lar**, balmuz**dak zhei**sinder me?) – Children, will you eat ice-cream?

28. To enter – кі**ру** (ki**ru**)

Infinitive active	Reflexive voice Infinitive	Passive voice Infinitive
кі**ру** ki**ru**	-	-

Person	Present Continuous Tense	Present Simple/Future Simple Tense	Past indefinite Tense
1st sing.	кі**рі**п т**ұр**мын ki**rip** tu**r**myn	кі**ремін** ki**remin**	кі**рдім** kir**dim**
2nd sing.	кі**рі**п т**ұр**сын ki**rip** tu**r**syn	кі**ресін** ki**resin**	кі**рдің** kir**din**
2nd resp. sing.	кі**рі**п т**ұр**сыз ki**rip** tu**r**syz	кі**ресіз** ki**resiz**	кі**рдіңіз** kir**diniz**
3rd sing. and pl.	кі**рі**п т**ұр** ki**rip** tur	кі**реді** ki**redi**	кі**рді** kir**di**
1st pl.	кі**рі**п т**ұр**мыз ki**rip** tu**r**myz	кі**реміз** ki**remiz**	кі**рдік** kir**dik**
2nd resp. pl.	кі**рі**п т**ұр**сындар ki**rip** tu**r**syndar	кі**ресіндер** ki**resinder**	кі**рдіңдер** kir**dinder**
2nd pl.	кі**рі**п т**ұр**сыздар ki**rip** tu**r**syzdar	кі**ресіздер** ki**resizder**	кі**рдіңіздер** kir**dinizder**

Бөлме**ге** кі**ру** ү**шін** кі**лт** ке**рек**. (Bolme**ge** ki**ru** u**shin** ki**lt** ke**rek**.) – One needs a key to enter the room.

Ме**нің** басы**ма ой** кі**рді**. (Me**nin** basy**ma oi** kir**di**.) – The idea entered my head.

29. To exit – шығу (shygu)

Infinitive active	Reflexive voice Infinitive	Passive voice Infinitive
шығу shygu	-	-

Person	Present Continuous Tense	Present Simple/Future Simple Tense	Past indefinite Tense
1st sing.	шығып жатырмын shygyp zhatyrmyn	шығамын shygamyn	шықтым shyktym
2nd sing.	шығып жатырсын shygyp zhatyrsyn	шығасын shygasyn	шықтың shyktyn
2nd resp. sing.	шығып жатырсыз shygyp zhatyrsyz	шығасыз shygasyz	шықтыңыз shyktynyz
3rd sing. and pl.	шығып жатыр shygyp zhatyr	шығады shygady	шықты shykty
1st pl.	шығып жатырмыз shygyp zhatyrmyz	шығамыз shygamyz	шықтық shyktyk
2nd resp. pl.	шығып жатырсындар shygyp zhatyrsyndar	шығасындар shygasyndar	шықтыңдар shyktyndar
2nd pl.	шығып жатырсыздар shygyp zhatyrsyzdar	шығасыздар shygasyzdar	шықтыңыздар shyktynyzdar

Мен ақша төйлеп, автобустан шық**тым**. (**Men** ak**sha** toi**lep**, av**to**bustan shyk**tym**.) – Once I have paid for the ticket, I have exited the bus.

Соғыстан шы**гу** ке**рек.** (**Sogystan** shy**gu** ke**rek**.) – There is a need to exit war.

30. To explain - түсіндіру (tusindiru)

Infinitive active	Reflexive voice Infinitive	Passive voice Infinitive
түсіндіру tusindiru	-	түсіндірілу tusindirilu

Person	Present Continuous Tense	Present Simple/Future Simple Tense	Past indefinite Tense
1st sing.	түсіндіріп тұрмын tusindirip turmyn	түсіндіремін tusindiremin	түсіндірдім tusindirdim
2nd sing.	түсіндіріп тұрсын tusindirip tursyn	түсіндіресін tusindiresin	түсіндірдің tusindirdin
2nd resp. sing.	түсіндіріп тұрсыз tusindirip tursyz	түсіндіресіз tusindiresiz	түсіндірдіңіз tusindirdiniz
3rd sing. and pl.	түсіндіріп тұр tusindirip tur	түсіндіреді tusindiredi	түсіндірді tusindirdi
1st pl.	түсіндіріп тұрмыз tusindirip turmyz	түсіндіреміз tusindiremiz	түсіндірдік tusindirdik
2nd resp. pl.	түсіндіріп тұрсындар tusindirip tursyndar	түсіндіресіндер tusindiresinder	түсіндірдіңдер tusindirdinder
2nd pl.	түсіндіріп тұрсыздар tusindirip tursyzdar	түсіндіресіздер tusindiresizder	түсіндірдіңіздер tusindirdinizder

Мұғалім жаңа ережелерді түсіндіріп тұр. (**Mugalim** zhana erezhelerdi tusindirip tur.) – The teacher is explaining new rules.

Маған сөздің мағынасын түсіндіресін бе? (**Magan** sozdin magynasyn tusindiresin be?) – Will you explain me the meaning of the word?

31.To fall - құлау (kulau)

Infinitive active	Reflexive voice Infinitive	Passive voice Infinitive
құлау kulau	-	-

Person	Present Continuous Tense	Present Simple/Future Simple Tense	Past indefinite Tense
1st sing.	құлап жатырмын kulap zhatyrmyn	құлаймын kulaimyn	құладым kuladym
2nd sing.	құлап жатырсын kulap zhatyrsyn	құлайсын kulaisyn	құладың kuladyn
2nd resp. sing.	құлап жатырсыз kulap zhatyrsyz	құлайсыз kulaisyz	құладыңыз kuladynyz
3rd sing. and pl.	құлап жатыр kulap zhatyr	құлайды kulaidy	құлады kulady
1st pl.	құлап жатырмыз kulap zhatyrmyz	құлаймыз kulaimyz	құладық kuladyk
2nd resp. pl.	құлап жатырсындар kulap zhatyrsyndar	құлайсындар kulaisyndar	құладыңдар kuladyndar
2nd pl.	құлап жатырсыздар kulap zhatyrsyzdar	құлайсыздар kulaisyzdar	құладыңыздар kuladynyzdar

Мысық құдық ішіне құлады. (Mysyk kudyk ishine kulady.) – The cat has fallen into the well.

Байқаңдар! Судың ішіне құлайсыңдар! (Baikandar! Sudyn ishine kulaisyndar!) – Be careful! You can fall into the water.

32. To feel - сезу (sezu)

Infinitive active	Reflexive voice Infinitive	Passive voice Infinitive
сезу se**zu**	-	сезі**лу** sezi**lu**

Person	Present Continuous Tense	Present Simple/Future Simple Tense	Past indefinite Tense
1st sing.	сезіп тұрмын se**zip tur**myn	сеземін se**ze**min	сездім sez**dim**
2nd sing.	сезіп тұрсын se**zip tur**syn	сезесін se**ze**sin	сездің sez**din**
2nd resp. sing.	сезіп тұрсыз se**zip tur**syz	сезесіз se**ze**siz	сездіңіз sez**diniz**
3rd sing. and pl.	сезіп тұр se**zip tur**	сезеді se**ze**di	сезді sez**di**
1st pl.	сезіп тұрмыз se**zip tur**myz	сеземіз se**ze**miz	сездік sez**dik**
2nd resp. pl.	сезіп тұрсындар se**zip tur**syndar	сезесіндер se**ze**sinder	сездіңдер sez**din**der
2nd pl.	сезіп тұрсыздар e**zip tur**syzdar	сезесіздер se**ze**sizder	сездіңіздер sez**diniz**der

Иісті сезіп тұрсын ба? (Iisti сезіп тұрсын ba?) – Do you feel this smell?

Өзеңде шомылып, балғындық сездім. (Ozen**de** shomy**lyp**, balgyn**dyk** sez**dim**.) – Having swum in the river, I have felt freshness.

33. To fight – төбелесу (tobelesu)

Infinitive active	Reflexive voice Infinitive	Passive voice Infinitive
төбелесу tobelesu	-	-

Person	Present Continuous Tense	Present Simple/Future Simple Tense	Past indefinite Tense
1st sing.	төбелесіп жүрмін tobelesip zhurmin	төбелесемін tobelesemin	төбелестім tobelestim
2nd sing.	төбелесіп жүрсін tobelesip zhursin	төбелесесін tobelesesin	төбелестің tobelestin
2nd resp. sing.	төбелесіп жүрсіз tobelesip zhursiz	төбелесесіз tobelesesiz	төбелестіңіз tobelestiniz
3rd sing. and pl.	төбелесіп жүр tobelesip zhur	төбелеседі tobelesedi	төбелесті tobelesti
1st pl.	төбелесіп жүрміз tobelesip zhurmiz	төбелесеміз tobelesemiz	төбелестік tobelestik
2nd resp. pl.	төбелесіп жүрсіндер tobelesip zhursinder	төбелесесіндер tobelesesinder	төбелестіңдер tobelestinder
2nd pl.	төбелесіп жүрсіздер tobelesip zhursizder	төбелесесіздер tobelesesizder	төбелестіңіздер tobelestinezder

Бейбастақтар далада төбелесіп жүр. (Beibastaktar dalada tobelesip zhur.) – The hooligans are fighting in the street.

Мектепте қайта төбелестің бе? (Mektepte kaita tobelestin be?) – Have you fight at school again?

34. To find – табу (tabu)

Infinitive active	Reflexive voice Infinitive	Passive voice Infinitive
табу tabu	-	табылу tabylu

Person	Present Continuous Tense	Present Simple/Future Simple Tense	Past indefinite Tense
1st sing.	тауып отырмын tauyp otyrmyn	табамын tabamyn	таптым taptym
2nd sing.	тауып отырсын tauyp otyrsyn	табасын tabasyn	таптын taptyn
2nd resp. sing.	тауып отырсыз tauyp otyrsyz	табасыз tabasyz	таптыңыз taptynyz
3rd sing. and pl.	тауып отыр tauyp otyr	табады tabady	тапты tapty
1st pl.	тауып отырмыз tauyp otyrmyz	табамыз tabamyz	таптық taptyk
2nd resp. pl.	тауып отырсындар tauyp otyrsyndar	табасындар tabasyndar	таптыңдар taptyndar
2nd pl.	тауып отырсыздар tauyp otyrsyzdar	табасыздар tabasyzdar	таптыңыздар taptynyzdar

Кілтті қайдан таптың? (Kiltti kaidan taptyn?) – Where did you find the key?

Мен атты табамын. (Men atty tabamyn) – I will find the horse.

35. To finish – аяқтау (ayaktau)

Infinitive active	Reflexive voice Infinitive	Passive voice Infinitive
аяқтау ayaktau	-	аяқталу ayaktalu

Person	Present Continuous Tense	Present Simple/Fuzhatyre Simple Tense	Past indefinite Tense
1st sing.	аяқтап жатырмын ayaktap zhatyrmyn	аяқтаймын ayaktaimyn	аяқтадым ayaktadym
2nd sing.	аяқтап жатырсын ayaktap zhatyrsyn	аяқтайсын ayaktaisyn	аяқтадың ayaktadyn
2nd resp. sing.	аяқтап жатырсыз ayaktap zhatyrsyz	аяқтайсыз ayaktaisyz	аяқтадыңыз ayaktadynyz
3rd sing. and pl.	аяқтап жатыр ayaktap zhatyr	аяқтайды ayaktaidy	аяқтады ayaktady
1st pl.	аяқтап жатырмыз ayaktap zhatyrmyz	аяқтаймыз ayaktaimyz	аяқтадық ayaktadyk
2nd resp. pl.	аяқтап жатырсындар ayaktap zhatyrsyndar	аяқтайсындар ayaktaisyndar	аяқтадыңдар ayaktadyndar
2nd pl.	аяқтап тұрсыздар ayaktap zhatyrsyzdar	аяқтайсыздар ayaktaisyzdar	аяқтадыңыздар ayaktadynyzdar

Кітаптың бірінші бетін аяқтадым. (Kitaptyn birinshi betin ayaktadym.) – I have finished the first page of the book.

Сабақ аяқталды. (Sabak ayaktaldy.) – The lesson is finished. (The lesson is over)

36. To fly - ұшу (ushu)

Infinitive active	Reflexive voice Infinitive	Passive voice Infinitive
ұшу ushu	-	-

Person	Present Continuous Tense	Present Simple/Future Simple Tense	Past indefinite Tense
1st sing.	ұшып жатырмын ushyp zhatyrmyn	ұшамын ushamyn	ұштым ushtym
2nd sing.	ұшып жатырсын ushyp zhatyrsyn	ұшасын ushasyn	ұштың ushtyn
2nd resp. sing.	ұшып жатырсыз ushyp zhatyrsyz	ұшасыз ushasyz	ұштыңыз ushtynyz
3rd sing. and pl.	ұшып жатыр ushyp zhatyr	ұшады ushady	ұшты ushty
1st pl.	ұшып жатырмыз ushyp zhatyrmyz	ұшамыз ushamyz	ұштық ushtyk
2nd resp. pl.	ұшып жатырсындар ushyp zhatyrsyndar	ұшасындар ushasyndar	ұштыңдар ushtyndar
2nd pl.	ұшып жатырсыздар ushyp zhatyrsyzdar	ұшасыздар ushasyzdar	ұштыңыздар ushtynyzdar

Ұшақ төмен ұшты. (Ushak tomen ushty) – The aircraft has flown low.

Мен түсімде ұшамын. (Men tusimde ushamyn.) – I fly in my dreams.

37.To forget – ұмыту (umy**tu**)

Infinitive active	Reflexive voice Infinitive	Passive voice Infinitive
ұмы**ту** umy**tu**	-	ұмыты**лу** umyty**lu**

Person	Present Continuous Tense	Present Simple/Future Simple Tense	Past indefinite Tense
1st sing.	ұмытып тұрмын umy**тур tur**myn	ұмытамын umy**та**myn	ұмыт**тым** umyt**tym**
2nd sing.	ұмытып тұрсын umy**тур tur**syn	ұмытасын umy**та**syn	ұмыт**тың** umyt**tyn**
2nd resp. sing.	ұмытып тұрсыз umy**тур tur**syz	ұмытасыз umy**та**syz	ұмытты**ңыз** umytty**nyz**
3rd sing. and pl.	ұмытып тұр umy**тур tur**	ұмытады umy**та**dy	ұмытты umyt**ty**
1st pl.	ұмытып тұрмыз umy**тур tur**myz	ұмытамыз umy**та**myz	ұмыт**тық** umyt**tyk**
2nd resp. pl.	ұмытып тұрсындар umy**тур tur**syndar	ұмытасындар umy**та**syndar	ұмыттың**дар** umytty**ndar**
2nd pl.	ұмытып тұрсыздар umy**тур tur**syzdar	ұмытасыздар umy**та**syzdar	ұмыттыңыз**дар** umyttynyz**dar**

Мен бала**ның** есі**мін** ұмы**тып тұр**мын. (**Men** bala**nyn** esi**min** umy**typ tur**myn.) – I have forgotten the boy's name.

Күнделігі**не жазып** ал, әйтпе**се** ұмы**та**сын. (Kundeligi**ne** zha**zyp** al, aitpe**se** umy**ta**syn.) – Write it in your diary, otherwise you'll forget it.

38. To get up - тұру (turu) (I)

Infinitive active	Reflexive voice Infinitive	Passive voice Infinitive
тұру turu	-	-

Person	Present Continuous Tense	Present Simple/Future Simple Tense	Past indefinite Tense
1st sing.	тұрмын turmyn	тұрамын turamyn	тұрдым turdym
2nd sing.	тұрсың tursyn	тұрасың turasyn	тұрдың turdyn
2nd resp. sing.	тұрсыз tursyz	тұрасыз turasyz	тұрдыңыз turdynyz
3rd sing. and pl.	тұр tur	тұрады turady	тұрды turdy
1st pl.	тұрмыз turmyz	тұрамыз turamyz	тұрдық turdyk
2nd resp. pl.	тұрсыңдар tursyndar	тұрасыңдар turasyndar	тұрдыңдар turdyndar
2nd pl.	тұрсыздар tursyzdar	тұрасыздар turasyzdar	тұрдыңыздар turdynyzdar

Оқушы өз орнынан тұрды. (Okushy oz ornynan turdy.) – The student got up from his seat.

Әтеш ерте тұрады. (Atesh erte turady.) – The cock gets up early.

39.To give – беру (be**ru**)

Infinitive active	Reflexive voice Infinitive	Passive voice Infinitive
беру be**ru**	-	берілу beri**lu**

Person	Present Continuous Tense	Present Simple/Future Simple Tense	Past indefinite Tense
1st sing.	беріп тұрмын be**rip** tu**r**myn	беремін be**r**emin	бердім ber**dim**
2nd sing.	беріп тұрсын be**rip** tu**r**syn	бересін be**r**esin	бердің ber**din**
2nd resp. sing.	беріп тұрсыз be**rip** tu**r**syz	бересіз be**r**esiz	бердініз ber**diniz**
3rd sing. and pl.	беріп тұр be**rip** tur	береді be**r**edi	берді ber**di**
1st pl.	беріп тұрмыз be**rip** tu**r**myz	береміз be**r**emiz	бердік ber**dik**
2nd resp. pl.	беріп тұрсындар be**rip** tu**r**syndar	бересіндер be**r**esinder	бердіндер ber**dinder**
2nd pl.	беріп тұрсыздар be**rip** tu**r**syzdar	бересіздер be**r**esizder	бердініздер ber**diniz**der

Мен балаға алма бердім. (**Men** bala**ga** al**ma** ber**dim**.) – I gave an apple to the child.

Нөміріңізді бересіз бе? (Nomiriniz**di** be**r**esiz be?) – Will you give me your telephone number?

40. To go – бару (baru)

Infinitive active	Reflexive voice Infinitive	Passive voice Infinitive
бару baru	-	-

Person	Present Continuous Tense	Present Simple/Future Simple Tense	Past indefinite Tense
1st sing.	бара жатырмын bara zhatyrmyn	барамын baramyn	бардым bardym
2nd sing.	бара жатырсын bara zhatyrsyn	барасын barasyn	бардың bardyn
2nd resp. sing.	бара жатырсыз bara zhatyrsyz	барасыз barasyz	бардыңыз bardynyz
3rd sing. and pl.	бара жатыр bara zhatyr	барады barady	барды bardy
1st pl.	бара жатырмыз bara zhatyrmyz	барамыз baramyz	бардық bardyk
2nd resp. pl.	бара жатырсындар bara zhatyrsyndar	барасындар barasyndar	бардыңдар bardyndar
2nd pl.	бара жатырсыздар bara zhatyrsyzdar	барасыздар barasyzdar	бардыңыздар bardynyzdar

Біз киноға **ба**ра **жа**тырмыз. (**Biz** kino**g**a **ba**ra **zha**tyrmyz.) – We are going to the cinema.

Кеше мектеп**ке** бар**дың** ба? (**Ke**she mektep**ke** bar**dyn** ba?) – Did you go to school yesterday?

41. To happen - болып қалу (bolyp kalu)

Infinitive active	Reflexive voice Infinitive	Passive voice Infinitive
болып қалу bolyp kalu	-	-

Person	Present Continuous Tense	Present Simple/Future Simple Tense	Past indefinite Tense
1st sing.	бола жатырмын bola zhatyrmyn	болып қаламын bolyp kalamyn	болып қалдым bolyp kaldym
2nd sing.	бола жатырсын bola zhatyrsyn	болып қаласын bolyp kalasyn	болып қалдың bolyp kaldyn
2nd resp. sing.	бола жатырсыз bola zhatyrsyz	болып қаласыз bolyp kalasyz	болып қалдыңыз bolyp kaldynyz
3rd sing. and pl.	бола жатыр bola zhatyr	болып қалады bolyp kalady	болып қалды bolyp kaldy
1st pl.	бола жатырмыз bola zhatyrmyz	болып қаламыз bolyp kalamyz	болып қалдық bolyp kaldyk
2nd resp. pl.	бола жатырсындар bola zhatyrsyndar	болып қаласындар bolyp kalasyndar	болып қалдыңдар bolyp kaldyndar
2nd pl.	бола жатырсыздар bola zhatyrsyzdar	болып қаласыздар bolyp kalasyzdar	болып қалдыңыздар bolyp kaldynyzdar

Жер сілкіну болып қал**ды**. (**Zher** silki**nu** bolyp kal**dy**.) – Earthquake happened.

Олар дос**тар** болып қал**ды**. (**Olar** dos**tar** bolyp kal**dy**.) – They happened to be friends.

42. To have - болу (bolu) (II)

Infinitive active	Reflexive voice Infinitive	Passive voice Infinitive
болу bolu	-	-

Person	Present Continuous Tense	Present Simple/Future Simple Tense	Past indefinite Tense
1st sing.			
2nd sing.			
2nd resp. sing.			
3rd sing. and pl.	болып тұр bolyp tur	болады bolady	болды boldy
1st pl.			
2nd resp. pl.			
2nd pl.			

Әйелдің екі әжесі болды. (Aiyeldin eki azhesi boldy.) – The woman had two grandmothers.

Ертең менде ақша болады. (Erten mende aksha bolady.) – Tomorrow I will have money.

43. To hear – есту (estu)

Infinitive active	Reflexive voice Infinitive	Passive voice Infinitive
есту estu	-	естілу estilu

Person	Present Continuous Tense	Present Simple/Future Simple Tense	Past indefinite Tense
1st sing.	естіп тұрмын estip turmyn	естимін estimin	естідім estidim
2nd sing.	естіп тұрсын estip tursyn	естисін estisin	естідің estidin
2nd resp. sing.	естіп тұрсыз estip tursyz	естисіз estisiz	естідіңіз estidiniz
3rd sing. and pl.	естіп тұр estip tur	естіді estidi	естіді estidi
1st pl.	естіп тұрмыз estip turmyz	естиміз estimiz	естідік estidik
2nd resp. pl.	естіп тұрсындар estip tursyndar	естисіндер estisinder	естідіңдер estidinder
2nd pl.	естіп тұрсыздар estip tursyzdar	естисіздер estisizder	естідіңіздер estidinizder

Жаңалықты естідің бе? (Zhanalykty estidin be?) – Did you hear the news?

Мен сені zhaksy естіп тұрмын. (Men seni zhaksy estip turmyn.) – I hear you well.

44. To help - көмектесу (komektesu)

Infinitive active	Reflexive voice Infinitive	Passive voice Infinitive
көмектесу komektesu	-	-

Person	Present Continuous Tense	Present Simple/Future Simple Tense	Past indefinite Tense
1st sing.	көмектесіп тұрмын komektesip turmyn	көмектесемін komektesemin	көмектестім komektestim
2nd sing.	көмектесіп тұрсын komektesip tursyn	көмектесесін komektesesin	көмектестің komektestin
2nd resp. sing.	көмектесіп тұрсыз komektesip tursyz	көмектесесіз komektesesiz	көмектестіңіз komektestiniz
3rd sing. and pl.	көмектесіп тұр komektesip tur	көмектеседі komektesedi	көмектесті komektesti
1st pl.	көмектесіп тұрмыз komektesip turmyz	көмектесеміз komektesemiz	көмектестік komektestik
2nd resp. pl.	көмектесіп тұрсындар komektesip tursyndar	көмектесесіндер komektesesinder	көмектестіндер komektestinder
2nd pl.	көмектесіп тұрсыздар komektesip tursyzdar	көмектесесіздер komektesesizder	көмектестіңіздер komektestinezder

Ұл әкесіне көмектесіп тұр. (Ul akesine komektesip tur). – Son is helping his father.

Маған үй жинауға көмектесесіндер ме? (Magan ui zhinauga komektesesinder me?) – Will you help me to clean the house?

45. To hold – ұстау (ustau)

Infinitive active	Reflexive voice Infinitive	Passive voice Infinitive
ұстау ustau	-	ұсталу ustalu

Person	Present Continuous Tense	Present Simple/Future Simple Tense	Past indefinite Tense
1st sing.	ұстап тұрмын ustap turmyn	ұстаймын ustaimyn	ұстадым ustadym
2nd sing.	ұстап тұрсын ustap tursyn	ұстайсын ustaisyn	ұстадың ustadyn
2nd resp. sing.	ұстап тұрсыз ustap tursyz	ұстайсыз ustaisyz	ұстадыңыз ustadynyz
3rd sing. and pl.	ұстап тұр ustap tur	ұстайды ustaidy	ұстады ustady
1st pl.	ұстап тұрмыз ustap turmyz	ұстаймыз ustaimyz	ұстадық ustadyk
2nd resp. pl.	ұстап тұрсындар ustap tursyndar	ұстайсындар ustaisyndar	ұстадыңдар ustadyndar
2nd pl.	ұстап тұрсыздар ustap tursyzdar	ұстайсыздар ustaisyzdar	ұстадыңыздар ustadynyzdar

Қыз анасының қолын қатты ұстады. (**Kyz** anasynyn kolyn katty ustady.) – The girl was holding her mother's hand tightly.

Олар Максимді түрмеде ұстайды. (**Olar** Maximdi turmede ustaidy.) – They will hold Maxim in prison.

46. To increase - көбейту (kobeitu)

Infinitive active	Reflexive voice Infinitive	Passive voice Infinitive
көбейту kobeitu	-	көбейтілу kobeitilu

Person	Present Continuous Teinse	Present Simple/Future Simple Teinse	Past indefinitei Teinse
1st sing.	көбейтіп тұрмын kobeitip turmyn	көбейтемін kobeitemin	көбейттім kobeittim
2nd sing.	көбейтіп тұрсын kobeitip tursyn	көбейтесің kobeitesin	көбейттің kobeittin
2nd resp. sing.	көбейтіп тұрсыз kobeitip tursyz	көбейтесіз kobeitesiz	көбейттіңіз kobeittiniz
3rd sing. and pl.	көбейтіп тұр kobeitip tur	көбейтеді kobeitedi	көбейтті kobeitti
1st pl.	көбейтіп тұрмыз kobeitip turmyz	көбейтеміз kobeiteimiz	көбейттік kobeittik
2nd resp. pl.	көбейтіп тұрсындар kobeitip tursyndar	көбейтесіндер kobeitesinder	көбейттіңдер kobeittinder
2nd pl.	көбейтіп тұрсыздар kobeitip tursyzdar	көбейтесіздер kobeiteisizder	көбейттіңіздер kobeittinezder

Зауыт кірпіш өндірісін көбейтті. (Zauyt kirpish ondirisin kobeitti.) – The factory has increased brick production.

Үкімет жаңа жылдан бастап қаржыландыруды көббейтеді. (Ukimet zhana zhyldan bastap karzhylandyrudy kobeitedi.) – The government will increase the financing in new year.

47. To introduce - таныстыру (tanystyru)

Infinitive active	Reflexive voice Infinitive	Passive voice Infinitive
таныстыру tanystyru	-	-

Person	Present Continuous Tense	Present Simple/Future Simple Tense	Past indefinite Tense
1st sing.	таныстырып жатырмын tanystyryp zhatyrmyn	таныстырамын tanystyramyn	таныстырдым tanystyrdym
2nd sing.	таныстырып жатырсын tanystyryp zhatyrsyn	таныстырасын tanystyrasyn	таныстырдың tanystyrdyn
2nd resp. sing.	таныстырып жатырсыз tanystyryp zhatyrsyz	таныстырасыз tanystyrasyz	таныстырдыңыз tanystyrdynyz
3rd sing. and pl.	таныстырып жатыр tanystyryp zhatyr	таныстырады tanystyrady	таныстырды tanystyrdy
1st pl.	таныстырып жатырмыз tanystyryp zhatyrmyz	таныстырамыз tanystyramyz	таныстырдық tanystyrdyk
2nd resp. pl.	таныстырып жатырсындар tanystyryp zhatyrsyndar	таныстырасындар tanystyrasyndar	таныстырдыңдар tanystyrdyndar
2nd pl.	таныстырып жатырсыздар tanystyryp zhatyrsyzdar	таныстырасыздар tanystyrasyzdar	таныстырдыңыздар tanystyrdynyzdar

Қонақтарды таныстырасын ба? (Konaktardy tanystyrasyn ba?) – Will you introduce the guests?

Бойжеткен анасын мұғалімге таныстырды. (Boizhetken anasyn mugalimge tanystyrdy.) – The girl introduced her mother to the teacher.

48. To invite –шақыру (shakyru)

Infinitive active	Reflexive voice Infinitive	Passive voice Infinitive
шақыру shakyru	-	шақырылу shakyrylu

Person	Present Continuous Tense	Present Simple/Future Simple Tense	Past indefinite Tense
1st sing.	шақырып тұрмын shakyryp turmyn	шақырамын shakyramyn	шақырдым shakyrdym
2nd sing.	шақырып тұрсын shakyryp tursyn	шақырасын shakyrasyn	шақырдың shakyrdyn
2nd resp. sing.	шақырып тұрсыз shakyryp tursyz	шақырасыз shakyrasyz	шақырдыңыз shakyrdynyz
3rd sing. and pl.	шақырып тұр shakyryp tur	шақырады shakyrady	шақырды shakyrdy
1st pl.	шақырып тұрмыз shakyryp turmyz	шақырамыз shakyramyz	шақырдық shakyrdyk
2nd resp. pl.	шақырып тұрсындар shakyryp tursyndar	шақырасындар shakyrasyndar	шақырдыңдар shakyrdyndar
2nd pl.	шақырып тұрсыздар shakyryp tursyzdar	шақырасыздар shakyrasyzdar	шақырдыңыздар shakyrdynyzdar

Мен акемді шақырып тұрмын. (**Men** akemdi shakyryp turmyn.) – I am inviting my father.

Бізді қонаққа қашан шақырасыз? (**Bizdi** konakka kashan shakyrasyz?) -When will you invite us?

49. To kill – өлтіру (oltiru)

Infinitive active	Reflexive voice Infinitive	Passive voice Infinitive
өлтіру oltiru	-	өлтірілу oltirilu

Person	Present Continuous Tense	Present Simple/Future Simple Tense	Past indefinite Tense
1st sing.	өлтіріп жатырмын oltirip zhatyrmyn	өлтіремін oltiremin	өлтірдім oltirdim
2nd sing.	өлтіріп жатырсын oltirip zhatyrsyn	өлтіресін oltiresin	өлтірдің oltirdin
2nd resp. sing.	өлтіріп жатырсыз oltirip zhatyrsyz	өлтіресіз oltiresiz	өлтірдініз oltirdiniz
3rd sing. and pl.	өлтіріп жатыр oltirip zhatyr	өлтіреді oltiredi	өлтірді oltirdi
1st pl.	өлтіріп жатырмыз oltirip zhatyrmyz	өлтіреміз oltiremiz	өлтірдік oltirdik
2nd resp. pl.	өлтіріп жатырсындар oltirip zhatyrsyndar	өлтіресіндер oltiresinder	өлтірдіңдер oltirdinder
2nd pl.	өлтіріп жатырсыздар oltirip zhatyrsyzdar	өлтіресіздер oltiresizder	өлтірдініздер oltirdinizder

Бір біріңізді **өлтіресіздер!** (**Bir** birdinizdi oltiresizder!) –You can kill each other!

Мен тарақанды **өлтірдім.** (**Men** tarakandy oltirdim.) – I have killed the cockroach.

50. To kiss - сүю (suyu)

Infinitive active	Reflexive voice Infinitive	Passive voice Infinitive
сүю suyu	-	-

Person	Present Continuous Tense	Present Simple/Future Simple Tense	Past indefinite Tense
1st sing.	сүйіп тұрмын suiyp turmyn	сүйемін suiemin	сүйдім suidim
2nd sing.	сүйіп тұрсын suiyp tursyn	сүйесін suiesin	сүйдің suidin
2nd resp. sing.	сүйіп тұрсыз suiyp tursyz	сүйесіз suiesiz	сүйдіңіз suidiniz
3rd sing. and pl.	сүйіп тұр suiyp tur	сүйеді suiedi	сүйді suidi
1st pl.	сүйіп тұрмыз suiyp turmyz	сүйеміз suiemiz	сүйдік suidik
2nd resp. pl.	сүйіп тұрсындар suiyp tursyndar	сүйесіндер suiesinder	сүйдіңдер suidinder
2nd pl.	сүйіп тұрсыздар suiyp tursyzdar	сүйесіздер suiesizder	сүйдіңіздер suidinizder

Арман баланы бетіне сүйді. (Arman balany betine suidi.) – Arman kissed the child's face.

Мен анамды күн сайын сүйемін. (Men anamdy kun saiyn suiemin.) – I kiss my mother every day.

51. To know - білу (bilu)

Infinitive active	Reflexive voice Infinitive	Passive voice Infinitive
білу bilu	білiну bilinu	-

Person	Present Continuous Tense	Present Simple/Future Simple Tense	Past indefinite Tense
1st sing.	біліп тұрмын bilip turmyn	білемін bilemin	білдім bildim
2nd sing.	біліп тұрсын bilip tursyn	білесін bilesin	білдің bildin
2nd resp. sing.	біліп тұрсыз bilip tursyz	білесіз bilesiz	білдіңіз bildiniz
3rd sing. and pl.	біліп тұр bilip tur	біледі biledi	білді bildi
1st pl.	біліп тұрмыз bilip turmyz	білеміз bilemiz	білдік bildik
2nd resp. pl.	біліп тұрсындар bilip tursyndar	білесіндер bilesinder	білдіндер bildinder
2nd pl.	біліп тұрсыздар bilip tursyzdar	білесіздер bilesizder	білдіңіздер bildinizder

Мен биологияны жақсы білемін. (**Men** biologiyany zhaksy bilemin.) – I know biology well.

Сағат қанша екен білесіз бе? (**Sagat** kansha eken bilesiz be?) – Do you know what time it is?

52. To laugh - күлу (kulu)

Infinitive active	Reflexive voice Infinitive	Passive voice Infinitive
күлу kulu	-	-

Person	Present Continuous Tense	Present Simple/Future Simple Tense	Past indefinite Tense
1st sing.	күліп тұрмын kulip turmyn	күлемін kulemin	күлдім kuldim
2nd sing.	күліп тұрсын kulip tursyn	күлесін kulesin	күлдің kuldin
2nd resp. sing.	күліп тұрсыз kulip tursyz	күлесіз kulesiz	күлдіңіз kuldiniz
3rd sing. and pl.	күліп тұр kulip tur	күледі kuledi	күлді kuldi
1st pl.	күліп тұрмыз kulip turmyz	күлеміз kulemiz	күлдік kuldik
2nd resp. pl.	күліп тұрсындар kulip tursyndar	күлесіндер kulesinder	күлдіңдер kuldinder
2nd pl.	күліп тұрсыздар kulip tursyzdar	күлесіздер kulesizder	күлдіңіздер kuldinizder

Неге күліп тұрсындар? (Nege kulip tursyndar?) –Why are you laughing?

Біз анекдот естіп әбден күлдік. (Biz anekdot estip abden kuldik.) –We had a good laugh at a joke.

53. To learn - оқу (oku)

Infinitive active	Reflexive voice Infinitive	Passive voice Infinitive
оқу oku	-	оқылу okylu

Person	Present Continuous Tense	Present Simple/Fuotyre Simple Tense	Past indefinite Tense
1st sing.	оқып отырмын okyp otyrmyn	оқимын okimyn	оқыдым okydym
2nd sing.	оқып отырсын okyp otyrsyn	оқисын okisyn	оқыдың okydyn
2nd resp. sing.	оқып отырсыз okyp otyrsyz	оқисыз okisyz	оқыдыңыз okydynyz
3rd sing. and pl.	оқып отыр okyp otyr	оқиды okidy	оқыды okydy
1st pl.	оқып отырмыз okyp otyrmyz	оқимыз okimyz	оқыдық okydyk
2nd resp. pl.	оқып отырсындар okyp otyrsyndar	оқисындар okisyndar	оқыдыңдар okydyndar
2nd pl.	оқып отырсыздар okyp otyrsyzdar	оқисыздар okisyzdar	оқыдыңыздар okydynyzdar

Мен медицинаны оқып отырмын. (**Men** medicinany **kyp** otyrmyn.) – I am learning medicine.

Мен өленді оқыдым. (**Men** olen**di** oky**dym**.) – I have learned the poem.

54. To lie down - жату (zhatu)

Infinitive active	Reflexive voice Infinitive	Passive voice Infinitive
жату zhatu	-	-

Person	Present Continuous Tense	Present Simple/Future Simple Tense	Past indefinite Tense
1st sing.	жатырмын zhatyrmyn	жатамын zhatamyn	жаттым zhattym
2nd sing.	жатырсын zhatyrsyn	жатасын zhatasyn	жаттың zhattyn
2nd resp. sing.	жатырсыз zhatyrsyz	жатасыз zhatasyz	жаттыңыз zhattynyz
3rd sing. and pl.	жатыр zhatyr	жатады zhatady	жатты zhatty
1st pl.	жатырмыз zhatyrmyz	жатамыз zhatamyz	жаттық zhattyk
2nd resp. pl.	жатырсындар zhatyrsyndar	жатасындар zhatasyndar	жаттыңдар zhattyndar
2nd pl.	жатырсыздар zhatyrsyzdar	жатасыздар zhatasyzdar	жаттыңыздар zhattynyzdar

Мысық диван үстінде жатыр. (Mysyk divan ustinde zhatyr.) – The cat is lying on the sofa.

Мен демалып жаттым. (Men demalyp zhattym.) – I have lain down.

55. To like - ұнату (unatu)

Infinitive active	Reflexive voice Infinitive	Passive voice Infinitive
ұнату unatu	-	-

Person	Present Continuous Tense	Present Simple/Future Simple Tense	Past indefinite Tense
1st sing.	ұнатып жатырмын unatyp zhatyrmyn	ұнатамын unatamyn	ұнаттым unattym
2nd sing.	ұнатып жатырсын unatyp zhatyrsyn	ұнатасын unatasyn	ұнаттың unattyn
2nd resp. sing.	ұнатып жатырсыз unatyp zhatyrsyz	ұнатасыз unatasyz	ұнаттыңыз unattynyz
3rd sing. and pl.	ұнатып жатыр unatyp zhatyr	ұнатады unatady	ұнатты unatty
1st pl.	ұнатып жатырмыз unatyp zhatyrmyz	ұнатамыз unatamyz	ұнаттық unattyk
2nd resp. pl.	ұнатып жатырсындар unatyp zhatyrsyndar	ұнатасындар unatasyndar	ұнаттыңдар unattyndar
2nd pl.	ұнатып жатырсыздар unatyp zhatyrsyzdar	ұнатасыздар unatasyzdar	ұнаттыңыздар unattynyzdar

Мен бұл көйлекті ұнатып жатырмын. (**Men bul** koilek**ti** una**typ zha**tyrmyn) – I like this dress.

Сіз кофе ұнатасыз ба? (**Siz ko**fe unata**syz ba?**) – Do you like coffee?

56. To listen – тындау (tyndau)

Infinitive active	Reflexive voice Infinitive	Passive voice Infinitive
тындау tyndau	-	тындалу tyndalu

Person	Present Continuous Tense	Present Simple/Fuzhure Simple Tense	Past indefinite Tense
1st sing.	тындап жүрмін tyndap zhurmin	тындаймын tyndaimyn	тындадым tyndadym
2nd sing.	тындап жүрсін tyndap zhursin	тындайсын tyndaisyn	тындадың tyndadyn
2nd resp. sing.	тындап жүрсіз tyndap zhursiz	тындайсыз tyndaisyz	тындадыңыз tyndadynyz
3rd sing. and pl.	тындап жүр tyndap zhur	тындайды tyndaidy	тындады tyndady
1st pl.	тындап жүрміз tyndap zhurmiz	тындаймыз tyndaimyz	тындадық tyndadyk
2nd resp. pl.	тындап жүрсіндер tyndap zhursinder	тындайсындар tyndaisyndar	тындадыңдар tyndadyndar
2nd pl.	тындап жүрсіздер tyndap zhursizder	тындайсыздар tyndaisyzdar	тындадыңыздар tyndadynyzdar

Сәуле радионы тындап жүр. (Saule radiony tyndap zhur.) – Saule is listening to the radio.

Біз лекцияны тындадық. (Biz lekciyany tyndadyk) – We have listened to the lecture.

57. To live - тұру (tu**ru**) (II)

Infinitive active	Reflexive voice Infinitive	Passive voice Infinitive
тұ**ру** tu**ru**	-	-

Person	Present Continuous Tense	Present Simple/Future Simple Tense	Past indefinite Tense
1st sing.	тұр**мын** tur**myn**	тұ**ра**мын tu**ra**myn	тұр**дым** tur**dym**
2nd sing.	тұр**сын** tur**syn**	тұ**ра**сын tu**ra**syn	тұр**дың** tur**dyn**
2nd resp. sing.	тұр**сыз** tur**syz**	тұ**ра**сыз tu**ra**syz	тұр**дыңыз** tur**dynyz**
3rd sing. and pl.	тұ**р** tu**r**	тұ**ра**ды tu**ra**dy	тұр**ды** tur**dy**
1st pl.	тұр**мыз** tur**myz**	тұ**ра**мыз tu**ra**myz	тұр**дық** tur**dyk**
2nd resp. pl.	тұр**сындар** tur**syndar**	тұ**ра**сындар tu**ra**syndar	тұр**дыңдар** tur**dyndar**
2nd pl.	тұр**сыздар** tur**syzdar**	тұ**ра**сыздар tu**ra**syzdar	тұр**дыңыздар** tur**dynyzdar**

Катя мына үйде тұрады. (**Katya мына** ui**de** tura**dy.**) – Kate lives in this house.

Сіз Лондонда **қай** жер**де тұрдыңыз?** (**Siz Lon**donda **kai** zher**de** tur**dynyz?**) – Where did you live in London?

58. To lose - жоғалту (zhogaltu)

Infinitive active	Reflexive voice Infinitive	Passive voice Infinitive
жоғалту zhogaltu	-	жоғалтылу zhogaltylu

Person	Present Continuous Tense	Present Simple/Future Simple Tense	Past indefinite Tense
1st sing.	жоғалтып тұрмын zhogaltyp turmyn	жоғалтамын zhogaltamyn	жоғалттым zhogalttym
2nd sing.	жоғалтып тұрсын zhogaltyp tursyn	жоғалтасын zhogaltasyn	жоғалттың zhogalttyn
2nd resp. sing.	жоғалтып тұрсыз zhogaltyp tursyz	жоғалтасыз zhogaltasyz	жоғалттыңыз zhogalttynyz
3rd sing. and pl.	жоғалтып тұр zhogaltyp tur	жоғалтады zhogaltady	жоғалтты zhogaltty
1st pl.	жоғалтып тұрмыз zhogaltyp turmyz	жоғалтамыз zhogaltamyz	жоғалттық zhogalttyk
2nd resp. pl.	жоғалтып тұрсындар zhogaltyp tursyndar	жоғалтасындар zhogaltasyndar	жоғалттыңдар zhogalttyndar
2nd pl.	жоғалтып тұрсыздар zhogaltyp tursyzdar	жоғалтасыздар zhogaltasyzdar	жоғалттыңыздар zhogalttynyzdar

Саша телефонды жоғалтты. (**Sa**sha telefon**dy** zhogalt**ty**.) – Sasha has lost his telephone.

Сен достарын**ды** жоғал**та**сын. (**Sen** dostaryn**dy** zhogal**ta**syn.) – You will lose your friends.

59. To love - жақсы көру (zhaksy koru)

Infinitive active	Reflexive voice Infinitive	Passive voice Infinitive
жақсы көру zhaksy koru	-	жақсы көрілу zhaksy korilu

Person	Present Continuous Tense	Present Simple/Future Simple Tense	Past indefinite Tense
1st sing.	жақсы көріп тұрмын zhaksy korip turmyn	жақсы көремін zhaksy koremin	жақсы көрдім zhaksy kordim
2nd sing.	жақсы көріп тұрсын zhaksy korip tursyn	жақсы көресін zhaksy koresin	жақсы көрдің zhaksy kordin
2nd resp. sing.	жақсы көріп тұрсыз zhaksy korip tursyndar	жақсы көресіз zhaksy koresiz	жақсы көрдіңіз zhaksy kordiniz
3rd sing. and pl.	жақсы көріп тұр zhaksy korip tur	жақсы көреді zhaksy koredi	жақсы көрді zhaksy kordi
1st pl.	жақсы көріп тұрмыз zhaksy korip turmyz	жақсы көреміз zhaksy koremiz	жақсы көрдік zhaksy kordik
2nd resp. pl.	жақсы көріп тұрсындар zhaksy korip tursyndar	жақсы көресіндер zhaksy koresinder	жақсы көрдіңдер zhaksy kordinder
2nd pl.	жақсы көріп тұрсыздар zhaksy korip tursyzdar	жақсы көресіздер zhaksy koresizder	жақсы көрдіңіздер zhaksy kordinizder

Мен қызымды өте жақсы көремін. (Men kyzymdy ote zhaksy koremin.) – I love my daughter very much.

Сен де оны жақсы көресін. (Sen de ony zhaksy koresin.) – You will love her too.

60. To meet - кездесу (kezdesu)

Infinitive active	Reflexive voice Infinitive	Passive voice Infinitive
кездесу kezdesu	-	-

Person	Present Continuous Tense	Present Simple/Future Simple Tense	Past indefinite Tense
1st sing.	кездесіп тұрмын kezdesip turmyn	кездесемін kezdesemin	кездестім kezdestim
2nd sing.	кездесіп тұрсын kezdesip tursyn	кездесесін kezdesesin	кездестің kezdestin
2nd resp. sing.	кездесіп тұрсыз kezdesip tursyz	кездесесіз kezdesesiz	кездестіңіз kezdestiniz
3rd sing. and pl.	кездесіп тұр kezdesip tur	кездеседі kezdesedi	кездесті kezdesti
1st pl.	кездесіп тұрмыз kezdesip turmyz	кездесеміз kezdesemiz	кездестік kezdestik
2nd resp. pl.	кездесіп тұрсындар kezdesip tursyndar	кездесесіндер kezdesesinder	кездестіндер kezdestinder
2nd pl.	кездесіп тұрсыздар kezdesip tursyzdar	кездесесіздер kezdesesizder	кездестіңіздер kezdestinezder

Ертең кездесесіндер. (Erten kezdesesinder.) – You will meet tomorrow.

Мен далада әншімен кездестім. (Men dalada anshimen kezdestim.) – I have met a singer at the street.

61. To need - қажет болу (kazhet bolu)

Infinitive active	Reflexive voice Infinitive	Passive voice Infinitive
қажет болу kazhet bolu	-	-

Person	Present Continuous Tense	Present Simple/Future Simple Tense	Past indefinite Tense
1st sing.	қажет болып тұрмын kazhet bolyp turmyn	қажет боламын kazhet bolamyn	қажет болдым kazhet boldym
2nd sing.	қажет болып тұрсын kazhet bolyp tursyn	қажет боласын kazhet bolasyn	қажет болдың kazhet boldyn
2nd resp. sing.	қажет болып тұрсыз kazhet bolyp tursyndar	қажет боласыз kazhet bolasyz	қажет болдыңыз kazhet boldynyz
3rd sing. and pl.	қажет болып тұр kazhet bolyp tur	қажет болады kazhet bolady	қажет болды kazhet boldy
1st pl.	қажет болып тұрмыз kazhet bolyp turmyz	қажет боламыз kazhet bolamyz	қажет болдық kazhet boldyk
2nd resp. pl.	қажет болып тұрсындар kazhet bolyp tursyndar	қажет боласындар kazhet bolasyndar	қажет болдыңдар kazhet boldyndar
2nd pl.	қажет болып тұрсыздар kazhet bolyp tursyzdar	қажет боласыздар kazhet bolasyzdar	қажет болдыңыздар kazhet boldynyzdar

Оған көмек қажет болды. (Ogan komek kazhet boldy.) – He needed help.

Бізге сіз қажет боласыз. (Bizge siz kazhet bolasyz.) – We will need you.

62. To notice – байқау (baikau)

Infinitive active	Reflexive voice Infinitive	Passive voice Infinitive
байқау baikau	-	-

Person	Present Continuous Tense	Present Simple/Fuzhure Simple Tense	Past indefinite Tense
1st sing.	байқап жүрмін baikap zhurmyn	байқаймын baikaimyn	байқадым baikadym
2nd sing.	байқап жүрсін baikap zhursin	байқайсын baikaisyn	байқадың baikadyn
2nd resp. sing.	байқап жүрсіз baikap zhursiz	байқайсыз baikaisyz	байқадыңыз baikadynyz
3rd sing. and pl.	байқап жүр baikap zhur	байқайды baikaidy	байқады baikady
1st pl.	байқап жүрміз baikap zhurmiz	байқаймыз baikaimyz	байқадық baikadyk
2nd resp. pl.	байқап жүрсіндер baikap zhursinder	байқайсындар baikaisyndar	байқадыңдар baikadyndar
2nd pl.	байқап жүрсіздер baikap zhursizder	байқайсыздар baikaisyzdar	байқадыңыздар baikadynyzdar

Мен атты алыстан байқа**дым**. (**Men** atty alys**tan** baika**dym**.) – I have noticed the horse from far away.

Сен о**ның** бет пішінін байқа**дың** ба? (**Sen** o**nyn** bet pishi**nin** baika**dyn** ba?) – Did you notice his facial expression?

63. To open - ашу (ashu)

Infinitive active	Reflexive voice Infinitive	Passive voice Infinitive
ашу ashu	-	ашылу ashylu

Person	Present Continuous Tense	Present Simple/Future Simple Tense	Past indefinite Tense
1st sing.	ашып тұрмын ashyp turmyn	ашамын ashamyn	аштым ashtym
2nd sing.	ашып тұрсын ashyp tursyn	ашасын ashasyn	аштың ashtyn
2nd resp. sing.	ашып тұрсыз ashyp tursyz	ашасыз ashasyz	аштыңыз ashtynyz
3rd sing. and pl.	ашып тұр ashyp tur	ашады ashady	ашты ashty
1st pl.	ашып тұрмыз ashyp turmyz	ашамыз ashamyz	аштық ashtyk
2nd resp. pl.	ашып тұрсындар ashyp tursyndar	ашасындар ashasyndar	аштыңдар ashtyndar
2nd pl.	ашып тұрсыздар ashyp tursyzdar	ашасыздар ashasyzdar	аштыңыздар ashtynyzdar

Арман есікті ашты. (Arman esikti ashty.) – Arman has opened the door.

Мына құтыны ашасын ба? (Myna kutyny ashasyn ba?) – Would you open this can?

64. To play - ойнау (oinau)

Infinitive active	Reflexive voice Infinitive	Passive voice Infinitive
ойнау oinau	-	-

Person	Present Continuous Tense	Present Simple/Fuzhure Simple Tense	Past indefinite Tense
1st sing.	ойнап жүрмін oinap zhurmin	ойнаймын oinaimyn	ойнадым oinadym
2nd sing.	ойнап жүрсін oinap zhursin	ойнайсын oinaisyn	ойнадың oinadyn
2nd resp. sing.	ойнап жүрсіз oinap zhursiz	ойнайсыз oinaisyz	ойнадыңыз oinadynyz
3rd sing. and pl.	ойнап жүр oinap zhur	ойнайды oinaidy	ойнады oinady
1st pl.	ойнап жүрміз oinap zhurmiz	ойнаймыз oinaimyz	ойнадық oinadyk
2nd resp. pl.	ойнап жүрсіндер oinap zhursinder	ойнайсындар oinaisyndar	ойнадыңдар oinadyndar
2nd pl.	ойнап жүрсіздер oinap zhursizder	ойнайсыздар oinaisyzdar	ойнадыңыздар oinadynyzdar

Қыздар далада ойнап жүр. (Kyzdar dalada oinap zhur.) – The girls are playing outside.

Бізбен ойнайсыздар ма? (Bizben oinaisyzdar ma?) – Bizben oinaisyndar ma?

76

65. To put - қою (ko**yu**)

Infinitive active	Reflexive voice Infinitive	Passive voice Infinitive
қою ko**yu**	-	қойы**лу** koiy**lu**

Person	Present Contynuous Tense	Present Simple/Future Simple Tanse	Past Indefinite Tense
1st syng.	қо**йып тұр**мын ko**iyp tur**myn	қо**я**мын ko**ya**myn	қо**йд**ым koi**dym**
2nd syng.	қо**йып тұр**сын ko**iyp tur**syn	қо**я**сын ko**ya**syn	қо**йд**ың koi**dyn**
2nd ra**sp. syng.**	қо**йып тұр**сыз ko**iyp tur**syz	қо**я**сыз ko**ya**syz	қо**йд**ыңыз koidy**nyz**
3rd syng. and pl.	қо**йып тұр** ko**iyp tur**	қо**я**ды ko**ya**dy	қо**йд**ы koi**dy**
1st pl.	қо**йып тұр**мыз ko**iyp tur**myz	қо**я**мыз ko**ya**myz	қо**йд**ык koi**dyk**
2nd ra**sp. pl.**	қо**йып тұр**сындар ko**iyp tur**syndar	қо**я**сындар ko**ya**syndar	қо**йд**ыңдар koidyn**dar**
2nd pl.	қо**йып тұр**сыздар ko**iyp tur**syzdar	қо**я**сыздар ko**ya**syzdar	қо**йд**уңыздар koidynyz**dar**

Мен қаламды үстелдің үстіне қо**йд**ым. (**Men** kalam**dy** ustel**din** ustine koi**dym**.) – I have put the pen at the table.

Мен сүретті еденнің үстіне қо**йд**ым. (**Men** suretti eden**nin** ustine koi**dym**.) – I have put the picture at the deck.

66. To read - оқу (oku)

Infinitive active	Reflexive voice Infinitive	Passive voice Infinitive
оқу oku	-	оқылу okylu

Person	Present Continuous Tense	Present Simple/Fuotyre Simple Tense	Past indefinite Tense
1st sing.	оқып отырмын okyp otyrmyn	оқимын okimyn	оқыдым okydym
2nd sing.	оқып отырсың okyp otyrsyn	оқисың okisyn	оқыдың okydyn
2nd resp. sing.	оқып отырсыз okyp otyrsyz	оқисыз okisyz	оқыдыңыз okydynyz
3rd sing. and pl.	оқып отыр okyp otyr	оқиды okidy	оқыды okydy
1st pl.	оқып отырмыз okyp otyrmyz	оқимыз okimyz	оқыдық okydyk
2nd resp. pl.	оқып отырсыңдар okyp otyrsyndar	оқисыңдар okisyndar	оқыдыңдар okydyndar
2nd pl.	оқып отырсыздар okyp otyrsyzdar	оқисыздар okisyzdar	оқыдыңыздар okydynyzdar

Біз қызық кітап **оқып отыр**мыз. (**Biz kyzyk** kitap**ty** o**kyp** o**tyr**myz.) – We are reading an interesting book.

Бүгінгі газет**ті** оқы**дың** ба? (Bugin**gi** gazet**ti** oky**dyn** ba?) – Did you read today's paper?

67. To receive – алу (alu) (III)

Infinitive active	Reflexive voice Infinitive	Passive voice Infinitive
алу alu	алыну alynu	-

Person	Present Continuous Tense	Present Simple/Future Simple Tense	Past indefinite Tense
1st sing.	алып тұрмын alyp turmyn	аламын alamyn	алдым aldym
2nd sing.	алып тұрсын alyp tursyn	аласын alasyn	алдың aldyn
2nd resp. sing.	алып тұрсыз alyp tursyz	аласыз alasyz	алдыңыз aldynyz
3rd sing. and pl.	алып тұр alyp tur	алады alady	алды aldy
1st pl.	алып тұрмыз alyp turmyz	аламыз alamyz	алдық aldyk
2nd resp. pl.	алып тұрсындар alyp tursyndar	аласындар alasyndar	алдыңдар aldyndar
2nd pl.	алып тұрсыздар alyp tursyzdar	аласыздар alasyzdar	алдыңыздар aldynyzdar

Мэри хат алды. (**Mary khat** al**dy**.) – Mary received a letter.

Сен жүлде**ні** алд**ың** ба? (**Sen** zhulde**ni** al**dyn** ba?) – Did you receive the prize?

68. To remember – есте сақтау (este sak**tau**)

Infinitive active	Reflexive voice Infinitive	Passive voice Infinitive
есте сақтау este sak**tau**	-	есте сақталу este sakta**lu**

Person	Present Continuous Tense	Present Simple/Future Simple Tense	Past indefinite Tense
1st sing.	есте сақтап тұрмын este sak**tap tur**myn	есте сақтаймын este sak**tai**myn	есте сақтадым este sakta**dym**
2nd sing.	есте сақтап тұрсын este sak**tap tur**syn	есте сақтайсын este sak**tai**syn	есте сақтадың este sakta**dyn**
2nd resp. sing.	есте сақтап тұрсыз este sak**tap tur**syz	есте сақтайсыз este sak**tai**syz	есте сақтадыңыз este sakta**dynyz**
3rd sing. and pl.	есте сақтап тұр este sak**tap tur**	есте сақтайды este sak**tai**dy	есте сақтады este sakta**dy**
1st pl.	есте сақтап тұрмыз este sak**tap tur**myz	есте сақтаймыз este sak**tai**myz	есте сақтадық este sakta**dyk**
2nd resp. pl.	есте сақтап тұрсындар este sak**tap tur**syndar	есте сақтайсындар este sak**tai**syndar	есте сақтадыңдар este sakta**dyndar**
2nd pl.	есте сақтап тұрсыздар este sak**tap tur**syzdar	есте сақтайсыздар este sak**tai**syzdar	есте сақтадыңыздар este sakta**dynyzdar**

Ережені есте сақтау керек. (Erezhe**ni** e**ste** sak**tau** ke**rek**) – One should remember the rule.

Мен бұл адам**ды** есте сақтадым. (**Men bul** adam**dy** e**ste** sakta**dym**.) – I have remembered this man.

69. To repeat – қайталау (kaitalau)

Infinitive active	Reflexive voice Infinitive	Passive voice Infinitive
қайталау kaitalau	-	-

Person	Present Continuous Tense	Present Simple/Future Simple Tense	Past indefinite Tense
1st sing.	қайталап тұрмын kaitalap turmyn	қайталаймын kaitalaimyn	қайталадым kaitaladym
2nd sing.	қайталап тұрсын kaitalap tursyn	қайталайсын kaitalaisyn	қайталадың kaitaladyn
2nd resp. sing.	қайталап тұрсыз kaitalap tursyz	қайталайсыз kaitalaisyz	қайталадыңыз kaitaladynyz
3rd sing. and pl.	қайталап тұр kaitalap tur	қайталайды kaitalaidy	қайталады kaitalady
1st pl.	қайталап тұрмыз kaitalap turmyz	қайталаймыз kaitalaimyz	қайталадық kaitaladyk
2nd resp. pl.	қайталап тұрсындар kaitalap tursyndar	қайталайсындар kaitalaisyndar	қайталадыңдар kaitaladyndar
2nd pl.	қайталап тұрсыздар kaitalap tursyzdar	қайталайсыздар kaitalaisyzdar	қайталадыңыздар kaitaladynyzdar

Тапсырманы қайталайсыз ба? (Tapsyrmany kaitalaisyz ba?) - Will you repeat the task?

Мен сөздерді **үш рет** қайталадым. (**Men** sozderdi **ush ret** kaitaladym.) – I have repeated the words thrice.

70. To return – қайтару (kaitaru)

Infinitive active	Reflexive voice Infinitive	Passive voice Infinitive
қайтару kaitaru	-	қайтарылу kaitarylu

Person	Present Continuous Tense	Present Simple/Fuzture Simple Tense	Past indefinite Tense
1st sing.	қайтарып жатырмын kaitaryp zhatyrmyn	қайтарамын kaitaramyn	қайтардым kaitardym
2nd sing.	қайтарып жатырсын kaitaryp zhatyrsyn	қайтарасын kaitarasyn	қайтардың kaitardyn
2nd resp. sing.	қайтарып жатырсыз kaitaryp zhatyrsyz	қайтарасыз kaitarasyz	қайтардыңыз kaitardynyz
3rd sing. and pl.	қайтарып жатыр kaitaryp zhatyr	қайтарады kaitarady	қайтарды kaitardy
1st pl.	қайтарып жатырмыз kaitaryp zhatyrmyz	қайтарамыз kaitaramyz	қайтардық kaitardyk
2nd resp. pl.	қайтарып жатырсындар kaitaryp zhatyrsyndar	қайтарасындар kaitarasyndar	қайтардыңдар kaitardyndar
2nd pl.	қайтарып жатырсыздар kaitaryp zhatyrsyzdar	қайтарасыздар kaitarasyzdar	қайтардыңыздар kaitardynyzdar

Мен әуежай **ка**ссасына билет**ті** қайтар**дым.** (**Men** auezhai **ka**ssasyna biletti kaitar**dym.**) – I returned the ticket to the airport cash-desk.

Маған кітабым**ды** қашан қайтар**асын?** (Ma**gan** kitabym**dy** ka**shan** kaitar**a**syn?) – When will you return me the book.

71. To run - жүгі**ру** (zhugir**u**)

Infinitive active	Reflexive voice Infinitive	Passive voice Infinitive
жүгі**ру** zhugir**u**	-	-

Person	Present Continuous Tense	Present Simple/Future Simple Tense	Past indefinite Tense
1st sing.	жүгі**рiп жа**тырмын zhugi**rip zha**tyrmyn	жүгі**ремiн** zhugi**remin**	жүгір**дiм** zhugir**dim**
2nd sing.	жүгі**рiп жа**тырсын zhugi**rip zha**tyrsyn	жүгі**ресiн** zhugi**resin**	жүгір**дiң** zhugir**din**
2nd resp. sing.	жүгі**рiп жа**тырсыз zhugi**rip zha**tyrsyndar	жүгі**ресiз** zhugi**resiz**	жүгір**дiнiз** zhugir**diniz**
3rd sing. and pl.	жүгі**рiп жа**тыр zhugi**rip zha**tyr	жүгі**редi** zhugi**redi**	жүгір**дi** zhugir**di**
1st pl.	жүгі**рiп жа**тырмыз zhugi**rip zha**tyrmyz	жүгі**ремiз** zhugi**remiz**	жүгір**дiк** zhugir**dik**
2nd resp. pl.	жүгі**рiп жа**тырсындар zhugi**rip zha**tyrsyndar	жүгі**ресiндер** zhugi**resinder**	жүгір**дiңдер** zhugir**dinder**
2nd pl.	жүгі**рiп жа**тырсыздар zhugi**rip zha**tyrsyzdar	жүгі**ресiздер** zhugi**resizder**	жүгір**дiнiздер** zhugir**dinizder**

Дене шынықты**ру** сабағын**да бiз көп** жүгі**ремiз.** (Dene shynykty**ru** sabagyn**da biz kop** zhugi**remiz.**) – We run a lot at PE lessons.

Джек жүз метр дистанцияны жүгі**рiп жа**тыр. (**Jack zhuz metr** distanciyany zhugi**rip zha**tyr.) – Jack is running a 100 meter distance.

72. To say - деу (deu)

Infinitive active	Reflexive voice Infinitive	Passive voice Infinitive
деу **deu**	-	-

Person	Present Continuous Tense	Present Simple/Future Simple Tense	Past indefinite Tense
1st sing.	деп тұрмын **dep tur**myn	деймін **dei**min	дедім **dedim**
2nd sing.	деп тұрсын **dep tur**syn	дейсін **dei**sin	дедің **dedin**
2nd resp. sing.	деп тұрсыз **dep tur**syz	дейсіз **dei**siz	дедініз **dedin**iz
3rd sing. and pl.	деп тұр **dep tur**	дейді **dei**di	деді **dedi**
1st pl.	деп тұрмыз **dep tur**myz	дейміз **dei**miz	дедік **dedik**
2nd resp. pl.	деп тұрсындар **dep tur**syndar	дейсіндер **dei**sinder	дедіңдер **dedin**der
2nd pl.	деп тұрсыздар **dep tur**syzdar	дейсіздер **dei**sizder	дедіңіздер **dediniz**der

Сен не дедің? (Sen ne dedin?) – What did you say?

Ол оның аты Джон дейді. (Ol onyn aty John deidi.) - He says that his name is John.

73. To scream – айғайлау (aigailau)

Infinitive active	Reflexive voice Infinitive	Passive voice Infinitive
айғайлау aigailau	-	-

Person	Present Continuous Tense	Present Simple/Future Simple Tense	Past indefinite Tense
1st sing.	айғайлап тұрмын aigailap turmyn	айғайлаймын aigailaimyn	айғайладым aigailadym
2nd sing.	айғайлап тұрсын aigailap tursyn	айғайлайсын aigailaisyn	айғайладың aigailadyn
2nd resp. sing.	айғайлап тұрсыз aigailap tursyz	айғайлайсыз aigailaisyz	айғайладыңыз aigailadynyz
3rd sing. and pl.	айғайлап тұр aigailap tur	айғайлайды aigailaidy	айғайлады aigailady
1st pl.	айғайлап тұрмыз aigailap turmyz	айғайлаймыз aigailaimyz	айғайладық aigailadyk
2nd resp. pl.	айғайлап тұрсындар aigailap tursyndar	айғайлайсындар aigailaisyndar	айғайладыңдар aigailadyndar
2nd pl.	айғайлап тұрсыздар aigailap tursyzdar	айғайлайсыздар aigailaisyzdar	айғайладыңыздар aigailadynyzdar

Айша өрмекшіні көріп, айғайлады. (**Aisha** ormeksheni korip, aigailady.) – Having seen the spider Aisha screamed.

Ол ауруының себебімен айғайлап тұр. (**Ol** auruynyn sebebimen aigailap tur.) – He is screaming because of his illness.

74. To see - көру (koru)

Infinitive active	Reflexive voice Infinitive	Passive voice Infinitive
көру koru	-	көрілу korilu

Person	Present Continuous Tense	Present Simple/Future Simple Tense	Past indefinite Tense
1st sing.	көріп тұрмын korip turmyn	көремін koremin	көрдім kordim
2nd sing.	көріп тұрсын korip tursyn	көресін koresin	көрдің kordin
2nd resp. sing.	көріп тұрсыз korip tursyndar	көресіз koresiz	көрдіңіз kordiniz
3rd sing. and pl.	көріп тұр korip tur	көреді koredi	көрді kordi
1st pl.	көріп тұрмыз korip turmyz	көреміз koremiz	көрдік kordik
2nd resp. pl.	көріп тұрсындар korip tursyndar	көресіндер koresinder	көрдіңдер kordinder
2nd pl.	көріп тұрсыздар korip tursyzdar	көресіздер koresizder	көрдіңіздер kordinizder

Мен көзілдірікпен жақсы көремін. (**Men** kozildirikpen zhaksy koremin.) – I see well in glasses.

Анна баланы бұрын көрді. (**An**na balany buryn kordi.) – Anne has seen the boy before.

75. To seem - бо**лып** көрі**ну** (bo**lyp** kori**nu)**

Infinitive active	Reflexive voice Infinitive	Passive voice Infinitive
бо**лып** көрі**ну** bo**lyp** korinu	-	-

Person	Present Continuous Tense	Present Simple/Future Simple Tense	Past indefinite Tense
1st sing.	бо**лып** көрі**ніп тұр**мын bo**lyp** kori**nip tur**myn	бо**лып** көрі**не**мін bo**lyp** kori**ne**min	бо**лып** көрі**нд**ім bo**lyp** korin**dim**
2nd sing.	бо**лып** көрі**ніп тұр**сын bo**lyp** kori**nip tur**syn	бо**лып** көрі**не**сін bo**lyp** kori**ne**sin	бо**лып** көрі**нд**ің bo**lyp** korin**din**
2nd **re**sp. sing.	бо**лып** көрі**ніп тұр**сыз bo**lyp** kori**nip tur**syndar	бо**лып** көрі**не**сіз bo**lyp** kori**ne**siz	бо**лып** көрі**нд**іңіз bo**lyp** korin**diniz**
3rd sing. and pl.	бо**лып** көрі**ніп тұр** bo**lyp** kori**nip tur**	бо**лып** көрі**не**ді bo**lyp** kori**ne**di	бо**лып** көрі**нд**і bo**lyp** korin**di**
1st pl.	бо**лып** көрі**ніп тұр**мыз bo**lyp** kori**nip tur**myz	бо**лып** көрі**не**міз bo**lyp** kori**ne**miz	бо**лып** көрі**нд**ік bo**lyp** korin**dik**
2nd **re**sp. pl.	бо**лып** көрі**ніп тұр**сындар bo**lyp** kori**nip tur**syndar	бо**лып** көрі**не**сіндер bo**lyp** kori**ne**sinder	бо**лып** көрі**нд**іңдер bo**lyp** korin**dinder**
2nd pl.	бо**лып** көрі**ніп тұр**сыздар bo**lyp** kori**nip tur**syzdar	бо**лып** көрі**не**сіздер bo**lyp** kori**ne**sizder	бо**лып** көрі**нд**іңіздер bo**lyp** korin**dinizder**

Ол тәрбиелі бо**лып** көрі**не**ді. (**Ol** tarbiye**li** bo**lyp** kori**ne**di.) – He seems to be gentlemanlike.

Қап ауыр бо**лып** көрі**нд**і. (**Kap** au**yr** bo**lyp** korin**di.**) – The bag seemed to be heavy.

76. To sell – сату (satu)

Infinitive active	Reflexive voice Infinitive	Passive voice Infinitive
сату sa**tu**	-	сатылу saty**lu**

Person	Present Continuous Tense	Present Simple/Future Simple Tense	Past indefinite Tense
1st sing.	сатып отырмын sa**typ** o**tyr**myn	сатамын sat**a**myn	саттым sat**ty**m
2nd sing.	сатып отырсын sa**typ** o**tyr**syn	сатасын sat**a**syn	саттың sat**ty**n
2nd resp. sing.	сатып отырсыз sa**typ** o**tyr**syz	сатасыз sat**a**syz	саттыңыз satty**nyz**
3rd sing. and pl.	сатып отыр sa**typ** o**tyr**	сатады sat**a**dy	сатты sat**ty**
1st pl.	сатып отырмыз sa**typ** o**tyr**myz	сатамыз sat**a**myz	саттық sat**ty**k
2nd resp. pl.	сатып отырсындар sa**typ** o**tyr**syndar	сатасындар sat**a**syndar	саттыңдар sat**ty**ndar
2nd pl.	сатып отырсыздар sa**typ** o**tyr**syzdar	сатасыздар sat**a**syzdar	саттыңыздар satty**nyz**dar

Біз машинамызды **саттық**. (**Biz** mashinamyz**dy** satt**yk**.) – We have sold our car.

Қарт кісі жеміс – жидектерді **сатып отыр**. (**Kart** kisi zhe**mis** – zhidekter**di** sa**typ** o**tyr**.) – The old man is selling fruits ans berries.

77. To send - жіберу (zhiberu)

Infinitive active	Reflexive voice Infinitive	Passive voice Infinitive
жіберу zhiberu	-	жіберілу zhiberilu

Person	Present Continuous Tense	Present Simple/Future Simple Tense	Past indefinite Tense
1st sing.	жіберіп тұрмын zhiberip turmyn	жіберемін zhiberemin	жібердім zhiberdim
2nd sing.	жіберіп тұрсын zhiberip tursyn	жібересін zhiberesin	жібердің zhiberdin
2nd resp. sing.	жіберіп тұрсыз zhiberip tursyndar	жібересіз zhiberesiz	жібердіңіз zhiberdiniz
3rd sing. and pl.	жіберіп тұр zhiberip tur	жібереді zhiberedi	жіберді zhiberdi
1st pl.	жіберіп тұрмыз zhiberip turmyz	жібереміз zhiberemiz	жібердік zhiberdik
2nd resp. pl.	жіберіп тұрсындар zhiberip tursyndar	жібересіндер zhiberesinder	жібердіңдер zhiberdinder
2nd pl.	жіберіп тұрсыздар zhiberip tursyzdar	жібересіздер zhiberesizder	жібердіңіздер zhiberdinizder

Мен хатты электрон поштамен жібердім. (**Men** khatty electron poshtamen zhiberdim.) – I have sent the letter via email.

Біз қағаз тасушыны ертең жібереміз. (**Biz** kagaz tasushyny erten zhiberemiz.) – We will send thecourier tomorrow.

78. To show - көрсету (korsetu)

Infinitive active	Reflexive voice Infinitive	Passive voice Infinitive
көрсету korsetu	-	көрсетілу korsetilu

Person	Present Continuous Tense	Present Simple/Future Simple Tense	Past indefinite Tense
1ˢᵗ sing.	көрсетіп тұрмын korsetip turmyn	көрсетемін korsetemin	көрсеттім korsettim
2ⁿᵈ sing.	көрсетіп тұрсын korsetip tursyn	көрсетесің korsetesin	көрсеттің korsettin
2ⁿᵈ resp. sing.	көрсетіп тұрсыз korsetip tursyz	көрсетесіз korsetesiz	көрсеттіңіз korsettiniz
3ʳᵈ sing. and pl.	көрсетіп тұр korsetip tur	көрсетеді korsetedi	көрсетті korsetti
1ˢᵗ pl.	көрсетіп тұрмыз korsetip turmyz	көрсетеміз korsetemiz	көрсеттік korsettik
2ⁿᵈ resp. pl.	көрсетіп тұрсындар korsetip tursyndar	көрсетесіндер korsetesinder	көрсеттіңдер korsettinder
2ⁿᵈ pl.	көрсетіп тұрсыздар korsetip tursyzdar	көрсетесіздер korsetesizder	көрсеттіңіздер korsettinezder

Досына үйді көрсеттің бе? (Dosyna uidi korsettin be?) – Did you show the house to your friend?

Студент презентациясын көрсетіп тұр. (Student prezentaciyasyn korsetip tur.) – The student is showing his presentation.

79. To sing - ән айту (an aitu)

Infinitive active	Reflexive voice Infinitive	Passive voice Infinitive
ән айту an aitu	-	-

Person	Present Continuous Tense	Present Simple/Future Simple Tense	Past indefinite Tense
1st sing.	ән айтып отырмын an aityp otyrmyn	ән айтамын an aitamyn	ән айттым an aittym
2nd sing.	ән айтып отырсын an aityp otyrsyn	ән айтасын an aitasyn	ән айттың an aittyn
2nd resp. sing.	ән айтып отырсыз an aityp otyrsyz	ән айтасыз an aitasyz	ән айттыңыз an aittynyz
3rd sing. and pl.	ән айтып отыр an aityp otyr	ән айтады an aitady	ән айтты an aitty
1st pl.	ән айтып отырмыз an aityp otyrmyz	ән айтамыз an aitamyz	ән айттық an aittyk
2nd resp. pl.	ән айтып отырсындар an aityp otyrsyndar	ән айтасындар an aitasyndar	ән айттыңдар an aittyndar
2nd pl.	ән айтып отырсыздар an aityp otyrsyzdar	ән айтасыздар an aitasyzdar	ән айттыңыздар an aittynyzdar

Бүгін ән айтасын ба? (Bugin an aitasyn ba?) – Will you sing today?

Әнші халық әнін әйтті. (Anshi khalyk anin aitty.) – The singer sang the folk song.

91

80. To sit down – отыру (otyru)

Infinitive active	Reflexive voice Infinitive	Passive voice Infinitive
отыру otyru	-	-

Person	Present Continuous Tense	Present Simple/Future Simple Tense	Past indefinite Tense
1st sing.	отырмын otyrmyn	отырамын otyramyn	отырдым otyrdym
2nd sing.	отырсын otyrsyn	отырасын otyrasyn	отырдың otyrdyn
2nd resp. sing.	отырсыз otyrsyz	отырасыз otyrasyz	отырдыңыз otyrdynyz
3rd sing. and pl.	отыр otyr	отырады otyrady	отырды otyrdy
1st pl.	отырмыз otyrmyz	отырамыз otyramyz	отырдық otyrdyk
2nd resp. pl.	отырсындар otyrsyndar	отыраотыр otyraotar	отырдыңдар otyrdyndar
2nd pl.	отырсыздар otyrsyzdar	отырасыздар otyrasyzdar	отырдыңыздар otyrdynyzdar

Мен орныма отыра**мын**. (**Men** orny**ma** oty**ra**myn.) – I will seat down to my seat.

Презид**ент сөз** сөйлескеннен кейін, бәр**i** отыр**ды**. (Presi**dent soz** soileske**nnen** kei**yn**, ba**ri** otyr**dy**.) – President gave a speech and everyone seated down.

81.To sleep - ұйықтау (uiyktau)

Infinitive active	Reflexive voice Infinitive	Passive voice Infinitive
ұйықтау uiyktau	-	-

Person	Present Continuous Tense	Present Simple/Future Simple Tense	Past indefinite Tense
1st sing.	ұйықтап жатырмын uiyktap zhatyrmyn	ұйықтаймын uiyktaimyn	ұйықтадым uiyktadym
2nd sing.	ұйықтап жатырсын uiyktap zhatyrsyn	ұйықтайсын uiyktaisyn	ұйықтадың uiyktadyn
2nd resp. sing.	ұйықтап жатырсыз uiyktap zhatyrsyz	ұйықтайсыз uiyktaisyz	ұйықтадыңыз uiyktadynyz
3rd sing. and pl.	ұйықтап жатыр uiyktap zhatyr	ұйықтайды uiyktaidy	ұйықтады uiyktady
1st pl.	ұйықтап жатырмыз uiyktap zhatyrmyz	ұйықтаймыз uiyktaimyz	ұйықтадық uiyktadyk
2nd resp. pl.	ұйықтап жатырсындар uiyktap zhatyrsyndar	ұйықтайсындар uiyktaisyndar	ұйықтадыңдар uiyktadyndar
2nd pl.	ұйықтап жатырсыздар uiyktap zhatyrsyzdar	ұйықтайсыздар uiyktaisyzdar	ұйықтадыңыздар uiyktadynyzdar

Жанна бөлмесін**де** ұйық**тап жа**тыр. (**Zh**anna bolmesin**de** uiyk**tap zha**tyr.) – Zhanna is sleeping in her room.

Бөпе түн**де аз** ұйықта**ды.** (**Bө**pe tun**de az** uiykta**dy.**) – The baby slept little time at night.

82. To smile - жымию (zhymiyu)

Infinitive active	Reflexive voice Infinitive	Passive voice Infinitive
жымию zhymiyu	-	-

Person	Present Continuous Tense	Present Simple/Future Simple Tense	Past indefinite Tense
1st sing.	жымиып тұрмын zhymiyp turmyn	жымиямын zhymiyamyn	жымидым zhymidym
2nd sing.	жымиып тұрсын zhymiyp tursyn	жымиясын zhymiyasyn	жымидың zhymidyn
2nd resp. sing.	жымиып тұрсыз zhymiyp tursyz	жымиясыз zhymiyasyz	жымидыңыз zhymidynyz
3rd sing. and pl.	жымиып тұр zhymiyp tur	жымияды zhymiyadы	жымиды zhymidy
1st pl.	жымиып тұрмыз zhymiyp turmyz	жымиямыз zhymiyamyz	жымидық zhymidyk
2nd resp. pl.	жымиып тұрсындар zhymiyp tursyndar	жымиясындар zhymiyasyndar	жымидыңдар zhymidyndar
2nd pl.	жымиып тұрсыздар zhymiyp tursyzdar	жымиясыздар zhymiyasyzdar	жымидыңыздар zhymidynyzdar

Балалар **бір** біріне жымиып тұр. (Bala**lar** bir birine zhymiyp tur.) – The childen are smiling to each other.

Сен бір кезде жымиясын ба? (**Sen bir** kezde zhymiyasyn be?) – Have you ever smiled?

83. To speak – айту (aitu)

Infinitive active	Reflexive voice Infinitive	Passive voice Infinitive
айту aitu	-	айтылу aitylu

Person	Present Continuous Tense	Present Simple/Future Simple Tense	Past indefinite Tense
1st sing.	айтып отырмын aityp otyrmyn	айтамын aitamyn	айттым aittym
2nd sing.	айтып отырсын aityp otyrsyn	айтасын aitasyn	айттың aittyn
2nd resp. sing.	айтып отырсыз aityp otyrsyz	айтасыз aitasyz	айттыңыз aittynyz
3rd sing. and pl.	айтып отыр aityp otyr	айтады aitady	айтты aitty
1st pl.	айтып отырмыз aityp otyrmyz	айтамыз aitamyz	айттық aittyk
2nd resp. pl.	айтып отырсындар aityp otyrsyndar	айтасындар aitasyndar	айттыңдар aittyndar
2nd pl.	айтып отырсыздар aityp otyrsyzdar	айтасыздар aitasyzdar	айттыңыздар aittynyzdar

Сәби қазір көп сөздерді айтады. (Sabi kazir kop sozderdi aitady.) – The baby speaks a lot of words now.

Маған шындықты айтасыз ба? (Magan shyndykty aitasyz ba?) – Will you speak me the truth?

84. To stand – тұру (turu) (III)

Infinitive active	Reflexive voice Infinitive	Passive voice Infinitive
тұру turu	-	-

Person	Present Continuous Tense	Present Simple/Future Simple Tense	Past indefinite Tense
1st sing.	тұрмын turmyn	тұрамын turamyn	тұрдым turdym
2nd sing.	тұрсын tursyn	тұрасын turasyn	тұрдың turdyn
2nd resp. sing.	тұрсыз tursyz	тұрасыз turasyz	тұрдыңыз turdynyz
3rd sing. and pl.	тұр tur	тұрады turady	тұрды turdy
1st pl.	тұрмыз turmyz	тұрамыз turamyz	тұрдық turdyk
2nd resp. pl.	тұртұр tursyndar	тұратұр turasyndar	тұрдыңдар turdyndar
2nd pl.	тұрсыздар tursyzdar	тұрасыздар turasyzdar	тұрдыңыздар turdynyzdar

Сіз тиісті **емес** жерде **тұр**сыз. (**Siz** tiisti emes zherde **tur**syz.) – You are standing at a prohibited place.

Мені қонақ үйдің жанында күтіп **тұра**сын ба? (**Meni** konak uidin zhanynda kutip **tura**syn ba?) – Will you stand near the hotel and wait me?

85. To start - бастау (bastau)

Infinitive active	Reflexive voice Infinitive	Passive voice Infinitive
бастау bastau	-	басталу bastalu

Person	Present Continuous Tense	Present Simple/Future Simple Tense	Past indefinite Tense
1st sing.	бастап тұрмын bastap turmyn	бастаймын bastaimyn	бастадым bastadym
2nd sing.	бастап тұрсын bastap tursyn	бастайсын bastaisyn	бастадың bastadyn
2nd resp. sing.	бастап тұрсыз bastap tursyz	бастайсыз bastaisyz	бастадыңыз bastadynyz
3rd sing. and pl.	бастап тұр bastap tur	бастайды bastaidy	бастады bastady
1st pl.	бастап тұрмыз bastap turmyz	бастаймыз bastaimyz	бастадық bastadyk
2nd resp. pl.	бастап тұрсындар bastap tursyndar	бастайсындар bastaisyndar	бастадыңдар bastadyndar
2nd pl.	бастап тұрсыздар bastap tursyzdar	бастайсыздар bastaisyzdar	бастадыңыздар bastadynyzdar

Жаңбыр жауа бастады. (Zhanbyr zhaua bastady.) – It started raining.

Мен әңгімені басынан бастаймын. (Men angimeni basynan bastaimyn.) – I will start the story from the beginning.

86. To stay - қалу (kalu)

Infinitive active	Reflexive voice Infinitive	Passive voice Infinitive
қалу kalu	-	-

Person	Present Continuous Tense	Present Simple/Future Simple Tense	Past indefinite Tense
1st sing.	қалып тұрмын kalyp turmyn	қаламын kalamyn	қалдым kaldym
2nd sing.	қалып тұрсын kalyp tursyn	қаласын kalasyn	қалдың kaldyn
2nd resp. sing.	қалып тұрсыз kalyp tursyz	қаласыз kalasyz	қалдыңыз kaldynyz
3rd sing. and pl.	қалып тұр kalyp tur	қалады kalady	қалды kaldy
1st pl.	қалып тұрмыз kalyp turmyz	қаламыз kalamyz	қалдық kaldyk
2nd resp. pl.	қалып тұрсындар kalyp tursyndar	қаласындар kalasyndar	қалдындар kaldyndar
2nd pl.	қалып тұрсыздар kalyp tursyzdar	қаласыздар kalasyzdar	қалдыңыздар kaldynyzdar

Үйде қаласын ба? (Uide kalasyn ba?) – Will you stay at home?

Мен түнге қаламын. (Men tunge kalamyn.) – I will stay for a night.

87. To take – алу (alu) (IV)

Infinitive active	Reflexive voice Infinitive	Passive voice Infinitive
алу alu	-	алылу alylu

Person	Present Continuous Tense	Present Simple/Future Simple Tense	Past indefinite Tense
1st sing.	алып тұрмын alyp turmyn	аламын alamyn	алдым aldym
2nd sing.	алып тұрсын alyp tursyn	аласын alasyn	алдың aldyn
2nd resp. sing.	алып тұрсыз alyp tursyz	аласыз alasyz	алдыңыз aldynyz
3rd sing. and pl.	алып тұр alyp tur	алады alady	алды aldy
1st pl.	алып тұрмыз alyp turmyz	аламыз alamyz	алдық aldyk
2nd resp. pl.	алып тұрсындар alyp tursyndar	аласындар alasyndar	алдыңдар aldyndar
2nd pl.	алып тұрсыздар alyp tursyzdar	аласыздар alasyzdar	алдыңыздар aldynyzdar

Ол қолшатыр**ды** алд**ы** да, дала**ға** кет**ті**. (**Ol** kolshatyr**dy** al**dy** da, dala**ga** ket**ti**.) – He took an umbrella and went outside.

Мен бұл бәтеңке**ні** алам**ын**. (**Men bul** batenke**ni** alam**yn**.) – I will take these boots.

88. To talk - сөйлесу (soilesu)

Infinitive active	Reflexive voice Infinitive	Passive voice Infinitive
сөйлесу soilesu	-	-

Person	Present Continuous Tense	Present Simple/Future Simple Tense	Past indefinite Tense
1ˢᵗ sing.	сөйлесіп тұрмын soilesip turmyn	сөйлесемін soilesemin	сөйлестім soilestim
2ⁿᵈ sing.	сөйлесіп тұрсын soilesip tursyn	сөйлесесін soilesesin	сөйлестін soilestin
2ⁿᵈ resp. sing.	сөйлесіп тұрсыз soilesip tursyz	сөйлесесіз soilesesiz	сөйлестініз soilestiniz
3ʳᵈ sing. and pl.	сөйлесіп тұр soilesip tur	сөйлеседі soilesedi	сөйлесті soilesti
1ˢᵗ pl.	сөйлесіп тұрмыз soilesip turmyz	сөйлесеміз soilesemiz	сөйлестік soilestik
2ⁿᵈ resp. pl.	сөйлесіп тұрсындар soilesip tursyndar	сөйлесесіндер soilesesinder	сөйлестіндер soilestinder
2ⁿᵈ pl.	сөйлесіп тұрсыздар soilesip tursyzdar	сөйлесесіздер soilesesizder	сөйлестініздер soilestinezder

Сен не туралы сөйлесіп тұрсын? (**Sen ne** turaly soilesip tursyn?) - What are you talking about?

Қыз анасымен сөйлесті. (**Kyz** anasymen soilesti.) – The girl talked to her mother.

89. To teach - оқыту (okytu)

Infinitive active	Reflexive voice Infinitive	Passive voice Infinitive
оқыту okytu	-	-

Person	Present Continuous Tense	Present Simple/Future Simple Tense	Past indefinite Tense
1st sing.	оқытып отырмын okytyp otyrmyn	оқытамын okytamyn	оқыттым okyttym
2nd sing.	оқытып отырсын okytyp otyrsyn	оқытасын okytasyn	оқыттың okyttyn
2nd resp. sing.	оқытып отырсыз okytyp otyrsyz	оқытасыз okytasyz	оқыттыңыз okyttynyz
3rd sing. and pl.	оқытып отыр okytyp otyr	оқытады okytady	оқытты okytty
1st pl.	оқытып отырмыз okytyp otyrmyz	оқытамыз okytamyz	оқыттық okyttyk
2nd resp. pl.	оқытып отырсындар okytyp otyrsyndar	оқытасындар okytasyndar	оқыттыңдар okyttyndar
2nd pl.	оқытып отырсыздар okytyp otyrsyzdar	оқытасыздар okytasyzdar	оқыттыңыздар okyttynyzdar

Ол университетте микробиологияны оқыт**ты**. (**Ol** universitet**te** microbio**lo**giyany okyt**ty**.) - He taught microbiology at university.

Мен Асемді ағылшын тіліне оқыт**тым**. (**Men** Assem**di** agyl**shyn** ti**li**ne okyt**tym**.) – I taught Assem English language.

90. To think – ойлау (oilau)

Infinitive active	Reflexive voice Infinitive	Passive voice Infinitive
ойлау oilau	-	-

Person	Present Continuous Tense	Present Simple/Future Simple Tense	Past indefinite Tense
1st sing.	ойлап тұрмын oilap turmyn	ойлаймын oilaimyn	ойладым oiladym
2nd sing.	ойлап тұрсын oilap tursyn	ойлайсын oilaisyn	ойладың oiladyn
2nd resp. sing.	ойлап тұрсыз oilap tursyz	ойлайсыз oilaisyz	ойладыңыз oiladynyz
3rd sing. and pl.	ойлап тұр oilap tur	ойлайды oilaidy	ойлады oilady
1st pl.	ойлап тұрмыз oilap turmyz	ойлаймыз oilaimyz	ойладық oiladyk
2nd resp. pl.	ойлап тұрсындар oilap tursyndar	ойлайсындар oilaisyndar	ойладыңдар oiladyndar
2nd pl.	ойлап тұрсыздар oilap tursyzdar	ойлайсыздар oilaisyzdar	ойладыңыздар oiladynyzdar

Виктор мәселе туралы **көп** ойла**ды.** (**Vik**tor masele turaly **kop** oila**dy.**) – Viktor thought a lot about the problem.

Мен ойла**ймын, со**сын жау**ап** бе**ре**мін. (**Men** oila**imyn, so**syn zhu**ap** be**re**min.) – I will think and than give the reply.

91.To touch - тию (ti**yu**)

Infinitive active	Reflexive voice Infinitive	Passive voice Infinitive
тию ti**yu**	-	-

Person	Present Continuous Tense	Present Simple/Future Simple Tense	Past indefinite Tense
1st sing.	тиіп тұрмын ti**ip tu**rmyn	тиемін ti**ye**min	тидім ti**dim**
2nd sing.	тиіп тұрсын ti**ip tu**rsyn	тиесін ti**ye**sin	тидің ti**din**
2nd resp. sing.	тиіп тұрсыз ti**ip tu**rsyz	тиесіз ti**ye**siz	тидініз ti**din**iz
3rd sing. and pl.	тиіп тұр ti**ip tu**r	тиеді ti**ye**di	тиді ti**di**
1st pl.	тиіп тұрмыз ti**ip tu**rmyz	тиеміз ti**ye**miz	тидік ti**dik**
2nd resp. pl.	тиіп тұрсындар ti**ip tu**rsyndar	тиесіндер ti**ye**sinder	тидіңдер ti**din**der
2nd pl.	тиіп тұрсыздар ti**ip tu**rsyzdar	тиесіздер ti**ye**sizder	тидініздер ti**din**izder

Сен телефоны**ма** ти**дің** бе? (**Sen** telefony**ma** ti**din** be?) – Did you touch my telephone?

Мен экран**ға** ти**дім**, бі**рақ** эй**нек** ашылма**ды**. (**Men** ekran**ga** ti**dim**, bi**rak** ai**nek** ashylma**dy**.) – I touched the screen but the panel didn't open.

92. To travel - саяхаттау (sayakhattau)

Infinitive active	Reflexive voice Infinitive	Passive voice Infinitive
саяхаттау sayakhattau	-	-

Person	Present Continuous Tense	Present Simple/Future Simple Tense	Past indefinite Tense
1st sing.	саяхаттап жүрмін sayakhattap zhurmin	саяхаттаймын sayakhattaimyn	саяхаттадым sayakhattadym
2nd sing.	саяхаттап жүрсін sayakhattap zhursin	саяхаттайсың sayakhattaisyn	саяхаттадың sayakhattadyn
2nd resp. sing.	саяхаттап жүрсіз sayakhattap zhursiz	саяхаттайсыз sayakhattaisyz	саяхаттадыңыз sayakhattadynyz
3rd sing. and pl.	саяхаттап жүр sayakhattap zhur	саяхаттайды sayakhattaidy	саяхаттады sayakhattady
1st pl.	саяхаттап жүрміз sayakhattap zhurmiz	саяхаттаймыз sayakhattaimyz	саяхаттадық sayakhattadyk
2nd resp. pl.	саяхаттап жүрсіндер sayakhattap zhursinder	саяхаттайсындар sayakhattaisyndar	саяхаттадыңдар sayakhattadyndar
2nd pl.	саяхаттап жүрсіздер sayakhattap zhursizder	саяхаттайсыздар sayakhattaisyzdar	саяхаттадыңыздар sayakhattadynyzdar

Жазда біз отбасымен саяхаттаймыз. (Zhazda biz otbasymen sayakhattaimyz.) – We will travel with our family in summer.

Испанияда саяхаттадың ба?(Ispaniyada sayakhattadyn ba?) – Did you travel in Spain?

93. To understand - түсіну (tusinu)

Infinitive active	Reflexive voice Infinitive	Passive voice Infinitive
түсіну tusinu	-	түсінілу tusinilu

Person	Present Continuous Tense	Present Simple/Future Simple Tense	Past indefinite Tense
1st sing.	түсініп тұрмын tusinip turmyn	түсінемін tusinemin	түсіндім tusindim
2nd sing.	түсініп тұрсын tusinip tursyn	түсінесін tusinesin	түсіндің tusindin
2nd resp. sing.	түсініп тұрсыз tusinip tursyndar	түсінесіз tusinesiz	түсіндініз tusindiniz
3rd sing. and pl.	түсініп тұр tusinip tur	түсінеді tusinedi	түсінді tusindi
1st pl.	түсініп тұрмыз tusinip turmyz	түсінеміз tusinemiz	түсіндік tusindik
2nd resp. pl.	түсініп тұрсындар tusinip tursyndar	түсінесіндер tusinesinder	түсіндіңдер tusindinder
2nd pl.	түсініп тұрсыздар tusinip tursyzdar	түсінесіздер tusinesizder	түсіндініздер tusindinizder

Мен неміс тілін түсінемін. (**Men** nemis tilin tusinemin.) – I understand German.

Ол бәрін түсінді. (**Ol** barin tusindi.) – He understood everything.

94. To use – пайдалану (paidala**nu**)

Infinitive active	Reflexive voice Infinitive	Passive voice Infinitive
пайдала**ну** paidala**nu**	-	пайдаланы**лу** paidalany**lu**

Person	Present Continuous Tense	Present Simple/Future Simple Tense	Past indefinite Tense
1st sing.	пайдала**нып тұр**мын paidala**nyp tur**myn	пайдала**на**мын paidala**na**myn	пайдаланд**ым** paidaland**ym**
2nd sing.	пайдала**нып тұр**сын paidala**nyp tur**syn	пайдала**на**сын paidala**na**syn	пайдаланд**ың** paidaland**yn**
2nd resp. sing.	пайдала**нып тұр**сыз paidala**nyp tur**syz	пайдала**на**сыз paidala**na**syz	пайдаланд**ыңыз** paidaland**ynyz**
3rd sing. and pl.	пайдала**нып тұр** paidala**nyp tur**	пайдала**на**ды paidala**na**dy	пайдаланд**ы** paidaland**y**
1st pl.	пайдала**нып тұр**мыз paidala**nyp tur**myz	пайдала**на**мыз paidala**na**myz	пайдаланд**ық** paidaland**yk**
2nd resp. pl.	пайдала**нып тұр**сындар paidala**nyp tur**syndar	пайдала**на**сындар paidala**na**syndar	пайдаландың**дар** paidalandyn**dar**
2nd pl.	пайдала**нып тұр**сыздар paidala**nyp tur**syzdar	пайдала**на**сыздар paidala**na**syzdar	пайдаландыныз**дар** paidalandynyz**dar**

Мен блендерді **сирек** пайдала**на**мын. (**Men** blender**di** si**rek** paidala**na**myn.) – I use blender rarely.

Ол ана**сын** ем**деу** үшін барл**ык** мүмкінді**гін** пайдаланд**ы**. (**Ol** ana**syn** em**deu** u**shin** bar**lyk** mumkindi**gin** paidaland**y**.) – He used all opportunities to cure his mother.

95. To wait – күту (kutu)

Infiniteve acteve	Reflexive voice Infiniteve	Passive voice Infiniteve
күту kutu	-	-

Person	Prkuent Contenuous Tense	Prkuent Simple/Future Simple Tense	Past indefinite Tense
1st sing.	күтіп тұрмын kutip turmyn	күтемін kutemin	күттім kuttim
2nd sing.	күтіп тұрсын kutip tursyn	күтесін kutesin	күттің kuttin
2nd rkup. sing.	күтіп тұрсыз kutip tursyz	күтесіз kutesiz	күттіңіз kutteniz
3rd sing. and pl.	күтіп тұр kutip tur	күтті kutte	күтті kutti
1st pl.	күтіп тұрмыз kutip turmyz	күтеміз kutemiz	күттік kuttik
2nd rkup. pl.	күтіп тұрсындар kutip tursyndar	күтесіндер kutesinder	күттіңдер kuttinder
2nd pl.	күтіп тұрсыздар kutip tursyzdar	күтесіздер kutesizder	күттіңіздер kuttinizder

Мен досымды күтіп тұрмын. (**Men** dosymdy ku**tip tu**rmyn.) – I am waiting for my friend.

Жауап**ты** күт**е**сіз бе? (Zhauap**ty** ku**te**siz be?) – Will you wait for the reply?

96. To walk – қыдыру (kydyru)

Infinitive active	Reflexive voice Infinitive	Passive voice Infinitive
қыдыру kydyru	-	-

Person	Present Continuous Tense	Present Simple/Fuzhure Simple Tense	Past indefinite Tense
1st sing.	қыдырып жүрмін kydyryp zhurmin	қыдырамын kydyramyn	қыдырдым kydyrdym
2nd sing.	қыдырып жүрсін kydyryp zhursin	қыдырасын kydyrasyn	қыдырдың kydyrdyn
2nd resp. sing.	қыдырып жүрсіз kydyryp zhursyz	қыдырасыз kydyrasyz	қыдырдыңыз kydyrdynyz
3rd sing. and pl.	қыдырып жүр kydyryp zhur	қыдырады kydyrady	қыдырды kydyrdy
1st pl.	қыдырып жүрміз kydyryp zhurmiz	қыдырамыз kydyramyz	қыдырдық kydyrdyk
2nd resp. pl.	қыдырып жүрсіндер kydyryp zhursizder	қыдырақыдыр kydyrakydar	қыдырдыңдар kydyrdyndar
2nd pl.	қыдырып жүрсіздер kydyryp zhursizder	қыдырасыздар kydyrasyzdar	қыдырдыңыздар kydyrdynyzdar

Біз бақта қыдырып жүрміз. (**Biz** bak**ta** kydy**ryp zhur**miz.) – We are walking in the park.

Мен сағат онда қыдырамын. (**Men** sa**g**at on**da** kydy**ra**myn.) – I walk at 10 o'clock.

97. To want – келу (ke**lu**)

Present Simple/Fuzh atyre Simple Tense	Past indefinite Tense
келеді ke**led**i	келді kel**di**

Менің балмұздақ жегім келеді. (**Me**nin balmuz**dak** zhe**gim** ke**led**i.) – I want to eat an icecream.

Оның киноға барғысы келді. (**Onyn** kino**ga** bargy**sy** kel**di**.) – He wanted to go to the cinema.

98. To watch – қарау (karau)

Infinitive active	Reflexive voice Infinitive	Passive voice Infinitive
қарау karau	-	-

Person	Present Continuous Tense	Present Simple/Future Simple Tense	Past indefinite Tense
1st sing.	қарап отырмын karap otyrmyn	қараймын karaimyn	қарадым karadym
2nd sing.	қарап отырсын karap otyrsyn	қарайсын karaisyn	қарадың karadyn
2nd resp. sing.	қарап отырсыз karap otyrsyz	қарайсыз karaisyz	қарадыңыз karadynyz
3rd sing. and pl.	қарап отыр karap otyr	қарайды karaidy	қарады karady
1st pl.	қарап отырмыз karap otyrmyz	қараймыз karaimyz	қарадық karadyk
2nd resp. pl.	қарап отырсындар karap otyrsyndar	қарайсындар karaisyndar	қарадыңдар karadyndar
2nd pl.	қарап отырсыздар karap otyrsyzdar	қарайсыздар karaisyzdar	қарадыңыздар karadynyzdar

Ұлым теледидар **қа**рап **отыр.** (**Ulym** teledi**dar** ka**rap otyr.**) – My son is watching TV.

Біз сабақ**та** Америка туралы кино қарадық. (**Biz** sabak**ta** Amerika turaly kino karadyk.) – We have watched a film about America at the lesson.

99. To win - жеңу (zhe**nu**)

Infinitive active	Reflexive voice Infinitive	Passive voice Infinitive
жеңу zhe**nu**	-	жеңілу zheni**lu**

Person	Present Continuous Tense	Present Simple/Fuzha**tyre** Simple Tense	Past indefinite Tense
1st sing.	жеңіп жатырмын zhe**nip zhat**yrmyn	жеңемін zhe**nemin**	жеңдім zhen**dim**
2nd sing.	жеңіп жатырсын zhe**nip zhat**yrsyn	жеңесін zhe**nesin**	жеңдің zhen**din**
2nd resp. sing.	жеңіп жатырсыз zhe**nip zhat**yrsyndar	жеңесіз zhe**nesiz**	жеңдініз zhendi**niz**
3rd sing. and pl.	жеңіп жатыр zhe**nip zhat**yr	жеңеді zhe**nedi**	жеңді zhen**di**
1st pl.	жеңіп жатырмыз zhe**nip zhat**yrmyz	жеңеміз zhe**nemiz**	жеңдік zhen**dik**
2nd resp. pl.	жеңіп жатырсыңдар zhe**nip zhat**yrsyndar	жеңесіндер zhe**nesinder**	жеңдіңдер zhendin**der**
2nd pl.	жеңіп жатырсыздар zhe**nip zhat**yrsyzdar	жеңесіздер zhe**nesizder**	жеңдініздер zhendiniz**der**

Ол олимпиадада жеңеді. (**Ol** olimpi**a**dada zhe**ne**di.) – He will win in academic competition.

Солтүстік азамат соғысында жеңді. (Soltus**tik** aza**mat** sogysyn**da** zhen**di**.) – The North won in the civil war.

100. To work - жұмыс істеу (zhumys isteu)

Infinitive active	Reflexive voice Infinitive	Passive voice Infinitive
жұмыс істеу zhumys isteu	-	жұмыс істелу zhumys istelu

Person	Present Continuous Tense	Present Simple/Future Simple Tense	Past indefinite Tense
1st sing.	жұмыс істеп отырмын zhumys istep otyrmyn	жұмыс істеймін zhumys isteimin	жұмыс істедім zhumys istedim
2nd sing.	жұмыс істеп отырсын zhumys istep otyrsyn	жұмыс істейсін zhumys isteisin	жұмыс істедің zhumys istedin
2nd resp. sing.	жұмыс істеп отырсыз zhumys istep otyrsyz	жұмыс істейсіз zhumys isteisiz	жұмыс істедіңіз zhumys istediniz
3rd sing. and pl.	жұмыс істеп отыр zhumys istep otyr	жұмыс істейді zhumys isteidi	жұмыс істеді zhumys istedi
1st pl.	жұмыс істеп отырмыз zhumys istep otyrmyz	жұмыс істейміз zhumys isteimiz	жұмыс істедік zhumys istedik
2nd resp. pl.	жұмыс істеп отырсындар zhumys istep otyrsyndar	жұмыс істейсіндер zhumys isteisinder	жұмыс істедіңдер zhumys istedynder
2nd pl.	жұмыс істеп отырсыздар zhumys istep otyrsyzdar	жұмыс істейсіздер zhumys isteisizder	жұмыс істедіңіздер zhumys istedinizder

Әке кабинетте жұмыс істеп отыр. (Ake kabinette zhumys istep otyr.) – Father is working at his office.

Маша зауытта жұмыс істеді. (Masha zauytta zhumys istedi.) – Masha worked at the plant.

112

101. To write – жазу (zhaz**u**)

Infinitive active	Reflexive voice Infinitive	Passive voice Infinitive
жаз**у** zhaz**u**	-	жазыл**у** zhazy**lu**

Person	Present Continuous Tense	Present Simple/Future Simple Tense	Past indefinite Tense
1ˢᵗ sing.	жазып жатырмын zha**zyp zha**tyrmyn	жаз**а**мын zha**za**myn	жаз**дым** zhaz**dym**
2ⁿᵈ sing.	жазып жатырсын zha**zyp zha**tyrsyn	жаз**а**сын zha**za**syn	жаз**дың** zhaz**dyn**
2ⁿᵈ resp. sing.	жазып жатырсыз zha**zyp zha**tyrsyz	жаз**а**сыз zha**za**syz	жаз**дыңыз** zhazdy**nyz**
3ʳᵈ sing. and pl.	жазып жатыр zha**zyp zha**tyr	жаз**а**ды zha**za**dy	жаз**ды** zhaz**dy**
1ˢᵗ pl.	жазып жатырмыз zha**zyp zha**tyrmyz	жаз**а**мыз zha**za**myz	жаз**дық** zhaz**dyk**
2ⁿᵈ resp. pl.	жазып жатырсындар zha**zyp zha**tyrsyndar	жаз**а**сындар zha**za**syndar	жаз**дыңдар** zhazdyn**dar**
2ⁿᵈ pl.	жазып жатырсыздар zha**zyp zha**tyrsyzdar	жаз**а**сыздар zha**za**syzdar	жаз**дыңыздар** zhazdynyz**dar**

Бүгін мен әже**ме хат** жазамын. (**Bugin men** azhe**me khat** zha**za**myn.) – Today I will write a letter to my granny.

Сіз шығарма**ны өте жақсы** жаздыңыз. (**Siz** shygarma**ny** o**te** zhak**sy** zhazdy**nyz.**) – You have written the essay very well.